党员干部读本　申论参考资料

社会热点大聚焦

SHEHUI REDIAN DAJUJIAO

>>> <<<

《社会热点大聚焦》编写组◎编

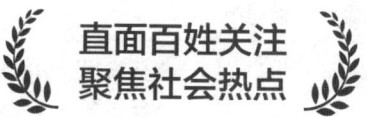

直面百姓关注
聚焦社会热点

新华出版社

图书在版编目（CIP）数据

社会热点大聚焦 /《社会热点大聚焦》编写组编. ——北京：新华出版社，2016.8（2025.3重印）
ISBN 978-7-5166-2893-5

Ⅰ.①社… Ⅱ.①社… Ⅲ.①社会问题 – 中国 – 通俗读物 Ⅳ.①D669-49

中国版本图书馆CIP数据核字（2016）第262785号

社会热点大聚焦

编 者：	《社会热点大聚焦》编写组		
选题策划：	赵怀志	责任编辑：	徐文贤
责任校对：	刘保利	责任印制：	廖成华
封面设计：	臻美书装		

出版发行：新华出版社
地　　址：北京石景山区京原路8号　　邮　　编：100040
网　　址：http://www.xinhuapub.com　　http://press.xinhuanet.com
经　　销：新华书店
购书热线：010-63077122　　中国新闻书店购书热线：010-63072012
照　　排：臻美书装
印　　刷：大厂回族自治县众邦印务有限公司
成品尺寸：170mm×240mm　1/16
印　　张：14　　字　　数：150千字
版　　次：2016年11月第一版　　印　　次：2025年3月第二次印刷
书　　号：ISBN 978-7-5166-2893-5
定　　价：29.00元

版权专有，侵权必究。如有质量问题，请与出版社联系调换：010-63077101

出版说明

为了满足当前广大干部群众亟须了解民生热点问题之需求,我们在认真调研的基础上,围绕创新驱动发展战略、大众创新万众创业、简政放权、国企十项改革试点、城市规划建设管理、城市地下综合管廊建设、电梯公共安全责任、乡村教师问题、留守儿童问题、农村垃圾处理等民生热点,精选新华社播发的系列相关稿件,再编辑深加工,策划出版了这本通俗理论读本。该书密切联系经济社会发展实际,释疑解惑,提出问题,分析问题,并探讨了解决问题的方法与途径。观点准确,文风朴实,图文并茂,可读性强,适合广大干部群众参考阅读。

目录 CONTENTS

1. 以改革点燃创新驱动之火 ……………………………………… 1

——聚焦创新驱动发展战略

中共中央国务院出台文件

  深化改革加快实施创新驱动发展战略……………………… 3

清障·重奖·引资

  ——创新驱动发展战略意见十大看点……………………… 5

以改革点燃创新驱动之火…………………………………………… 10

延伸阅读 >>>>>>>

创新！迈向世界科技创新强国

  ——各界热议《国家创新驱动发展战略纲要》………………… 12

2. "双创"新引擎,如何形成中国经济新动能? ………… 17
——聚焦大众创业万众创新

国务院印发《关于大力推进大众创业万众创新若干政策措施的意见》……………………………………………………… 19

创客解读国务院《关于大力推进大众创业万众创新若干政策措施的意见》……………………………………………………… 21

政策"干货"频出,创业者们过得好吗? ………………… 26

民间资本投向创业创新还有哪些"栓塞"?
——国务院督查"问诊""双创"软环境 ……………… 30

"双创"时代呼唤工匠精神 ………………………………… 34

延伸阅读 >>>>>>>

中关村"双创生态"调查:创新种子何以"野蛮生长"? …… 36

3. "放管结合"还需迈过几道坎? ………………………… 41
——聚焦简政放权

"三证合一"改革破冰带来哪些启示? …………………… 43

"放管结合"还需迈过几道坎? …………………………… 49

让简政放权带给百姓更多"获得感" ……………………… 55

简政放权不能一放了之 …………………………………… 61

延伸阅读 >>>>>>>

万丈高楼从哪儿起?
——由建筑业透视行政审批权压缩空间 ……………… 64

4. 如何稳步推进国有企业改革？ 69
——聚焦国企十项改革试点

国企十项改革试点落实计划首度披露 2016 年
  深化国企改革将抓好"九项重点任务" 71
三部委详解十项改革试点：试什么？谁来试？怎么试？......... 73
八问国企改革：董事会能否告别"有形无神"？......... 79
部分国有企业改革进展 84

延伸阅读 >>>>>>>

24 家央企上市公司高层薪酬比 2014 年减少 1700 万元
  ——国企薪酬改革调查 87

5. 怎样绘就我们五彩缤纷的城市？ 93
——聚焦中央关于城市规划建设管理的新提法

时隔 37 年中央部署城市未来发展"路线图" 95
打造品质城市：我国提出城市发展"时间表" 97
2020，绘就我们五彩缤纷的城市
  ——聚焦中央关于城市规划建设管理的新提法 100

延伸阅读 >>>>>>>

"小城市病"：亟待关注的城镇化"短板"
  ——专访南京大学城市科学研究院副院长胡小武 105

6. 怎样筑牢城市的"里子"? ……………………………… 111
——聚焦城市地下综合管廊建设

2020年我国将建成一批国际水准地下综合管廊 …………… 113

筑牢城市"里子" 地下综合管廊
　　　开启中国"地下管线革命" ………………………… 114

地下综合管廊：未来城市的"主动脉" ……………………… 119

从"高层建筑世纪"到"地下空间世纪" …………………… 121

延伸阅读 >>>>>>>

突出重点、技术突破、激活市场
　　　——解读国办《关于推进城市地下综合管廊建设的指导意见》 …… 125

7. "电梯吃人"，谁之过? ………………………………… 127
——聚焦电梯公共安全责任

"电梯吃人"，谁之过
　　　——湖北荆州电梯事故原因追踪 …………………… 129

依法对电梯制造安装维修实施准入管理
　　　——专访质检总局特种设备安全监察局相关部门负责人 ………… 134

电梯安全责任链条亟待"大修" ……………………………… 137

电梯"吃人"拷问公共安全 …………………………………… 139

延伸阅读 >>>>>>>

"明星企业"检测合格的电梯为何会出事？
　　　——湖北电梯"卷人"事故再追踪 …………………… 142

8. 乡村教育的师资"短板"怎么补? ·············· 147
——聚焦我国乡村教育

美丽的坚守
　　——新华社记者万里探访乡村教师 ·············· 149
我国乡村教育获得长足发展但仍"喜中有忧" ·············· 158
让"师资"不再成为乡村教育"最痛点" ·············· 161
让乡村教育得到质的提升 ·············· 164

延伸阅读 >>>>>>>

给光辉的职业一个坚实的支点
　　——聚焦《乡村教师支持计划（2015—2020年）》 ·············· 166

9. 留守儿童难题怎么解? ·············· 173
——聚焦6000多万青少年群体的生存困境

2016年我国将多措并举推动农村留守儿童关爱保护工作 ·············· 175
给留守儿童一个"家"
　　——对一个6000多万青少年群体生存困境的思考 ·············· 176
解决留守儿童难题，"十三五"怎么交考卷? ·············· 183

延伸阅读 >>>>>>>

让每个孩子都生活在爱的阳光下
　　——专家解读国务院《关于加强农村留守儿童关爱保护工作的意见》··· 190

10. 莫让垃圾掩盖了乡愁 ……………………………………… **195**
——聚焦农村垃圾突围

我国正式向农村垃圾宣战 ……………………………………… 197

上亿吨农村垃圾何处去？
　　——破解"垃圾围村"三问 ……………………………… 198

垃圾出城，莫让乡愁变"乡臭" ……………………………… 204

农村"垃圾围村"如何破解？ ………………………………… 208

延伸阅读 >>>>>>>

江西村庄设立"垃圾兑换银行"破解"垃圾围村" ………… 210

后　记 …………………………………………………………… **213**

1 以改革点燃创新驱动之火
——聚焦创新驱动发展战略

创新是推动一个国家和民族向前发展的重要力量，也是推动人类社会向前发展的重要力量。中共中央国务院出台文件，指导深化体制机制改革，加快实施创新驱动发展战略，提出破除一切制约创新的思想障碍和制度藩篱，激发全社会创新活力和创造潜能。这一发展战略部署具有极其重要的现实意义和长远意义，将以改革点燃创新驱动之火。

中共中央国务院出台文件
深化改革加快实施创新驱动发展战略

为了指导深化体制机制改革加快实施创新驱动发展战略，中共中央国务院出台专门文件，并由新华社受权发布。

这份《中共中央 国务院关于深化体制机制改革加快实施创新驱动发展战略的若干意见》，全文约9000字，共分9个部分30条，包括总体思路和主要目标，营造激励创新的公平竞争环境，建立技术创新市场导向机制，强化金融创新的功能，完善成果转化激励政策，构建更加高效的科研体系，创新培养、用好和吸引人才机制，推动形成深度融合的开放创新局面，加强创新政策统筹协调。

意见指出，到2020年，基本形成适应创新驱动发展要求的制度环境和政策法律体系，为进入创新型国家行列提供有力保障。人才、资本、技术、知识自由流动，企业、科研院所、

> 《中共中央 国务院关于深化体制机制改革加快实施创新驱动发展战略的若干意见》之9个部分：
> 一、总体思路和主要目标
> 二、营造激励创新的公平竞争环境
> 三、建立技术创新市场导向机制
> 四、强化金融创新的功能
> 五、完善成果转化激励政策
> 六、构建更加高效的科研体系
> 七、创新培养、用好和吸引人才机制
> 八、推动形成深度融合的开放创新局面
> 九、加强创新政策统筹协调

点火　　　　　新华社发　徐骏　作

高等学校协同创新，创新活力竞相迸发，创新成果得到充分保护，创新价值得到更大体现，创新资源配置效率大幅提高，创新人才合理分享创新收益，使创新驱动发展战略真正落地，进而打造促进经济增长和就业创业的新引擎，构筑参与国际竞争合作的新优势，推动形成可持续发展的新格局，促进经济发展方式的转变。

意见要求，营造激励创新的公平竞争环境。发挥市场竞争激励创新的根本性作用，营造公平、开放、透明的市场环境，强化竞争政策和产业政策对创新的引导，促进优胜劣汰，增强市场主体创新动力。实行严格的知识产权保护制度，打破制约创新的行业垄断和市场分割，改进新技术新产品新商业模式的准入管理，健全产业技术政策和管理制度，形成要素价格倒逼创新机制。

意见强调，发挥市场对技术研发方向、路线选择和各类创新资源配置的导向作用，调整创新决策和组织模式，强化普惠性政策支持，促进企业真正成为技术创新决策、研发投入、科研组织和成果转化的主体。扩大企业在国家创新决策中话语权，完善企业为主体的产业技术创新机制，提高普惠性财税政策支持力度，健全优先使用创新产品的采购政策。

意见强调，强化尊重知识、尊重创新，充分体现智力劳动价值的分配导向，让科技人员在创新活动中得到合理回报，通过成果应用体现创新价值，通过成果转化创造财富。加快下放科技成果使用、处置和收益权，提高科研人员成果转化收益比例，加大科研人员股权激励力度。

此外，意见还提出，转变政府科技管理职能，建立依托专业机构管理科研项目的机制，建立公开统一的国家科技管理平台，进一步明确中央和地方科技管理事权和职能定位。

清障·重奖·引资
——创新驱动发展战略意见十大看点

破除行业垄断和市场分割，重要贡献人员和团队收益下限可提高至50%，开展股权众酬融资试点，推动转制科研院所引入社会资本或整体上市，改进和完善GDP核算方法……

通过2015年3月23日新华社播发的《中共中央 国务院关于深化体制机制改革加快实施创新驱动发展战略的若干意见》，让我们为您梳理这份重要文件的十大看点。

【看点一：核心位置】

科技创新在国家发展全局中居于什么位置？意见指出：把科技创新摆在国家发展全局的核心位置，统筹科技体制改革和经济社会领域改革，统筹推进科技、管理、品牌、组织、商业模式创新，统

新果子　　　　　新华社发　商海春　作

筹推进军民融合创新，统筹推进引进来与走出去合作创新，实现科技创新、制度创新、开放创新的有机统一和协同发展。

意见明确了实施创新驱动发展的"四个坚持"和一个目标：坚持需求导向、人才为先、遵循规律、全面创新。到2020年，基本形成适应创新驱动发展要求的制度环境和政策法律体系，为进入创新型国家提供有力保障。

【看点二：清除障碍】

如何营造激励创新的公平竞争环境？打破行业垄断和市场分割是关键。意见指出：加快推进垄断性行业改革，放开自然垄断行业竞争业务，建立鼓励创新的统一透明、有序规范的市场环境。

意见明确要求，要切实加强反垄断执法，打破地方保护，清理和废除妨碍全国统一市场的规定和做法，"纠正地方政府不当补贴或利用行政权力限制、排除竞争的行为，探索实施公平竞争的审查制度"。此外，改革产业准入制度，制定和实施产业准入负面清单。破除限制新技术新产品新商业模式发展的不合理准入障碍。

《中共中央 国务院关于深化体制机制改革加快实施创新驱动发展战略的若干意见》之30条：

（一）实行严格的知识产权保护制度；（二）打破制约创新的行业垄断和市场分割；（三）改进新技术新产品新商业模式的准入管理；（四）健全产业技术政策和管理制度；（五）形成要素价格倒逼创新机制；（六）扩大企业在国家创新决策中话语权；（七）完善企业为主体的产业技术创新机制；（八）提高普惠性财税政策支持力度；（九）健全优先使用创新产品的采购政策；（十）壮大创业投资规模；（十一）强化资本市场对技术创新的支持；（十二）拓宽技术创新的间接融资渠道；（十三）加快下放科技成果使用、处置和收益权；（十四）提高科研人员成果转化收益比例；（十五）加大科研人员股权激励力度；（十六）优化对基础研究的支持方式；（十七）加大对科研工作的绩效激励力度；（十八）改革高等学校和科研院所科研评价制度；（十九）深化转制科研院所改革；（二十）建立高等学校和科研院所技术转移机制；（二十一）构建创新型人才培养模式；（二十二）建立健全科研人才双向流动机制；（二十三）实行更具竞争力的人才吸引制度；（二十四）鼓励创新要素跨境流动；（二十五）优化境外创新投资管理制度；（二十六）扩大科技计划对外开放；（二十七）加强创新政策的统筹；（二十八）完善创新驱动导向评价体系；（二十九）改革科技管理体制；（三十）推进全面创新改革试验。

【看点三：重奖精英】

为了激励成果转化，意见提出要提高科研人员成果转化收益比例，对用于奖励科研负责人、骨干技术人员等重要贡献人员和团队的收益比例，可以从现行不低于20%提高到不低于50%。同时，鼓励各类企业通过股权、期权、分红等激励方式，调动科研人员创新积极性。

高新技术企业和科技型中小企业科研人员通过科技成果转化取得股权奖励收入时，原则上在5年内分期缴纳个人所得税。

【看点四：天使投资】

为了发挥金融创新对技术创新的助推作用，意见提出要研究制定天使投资相关法规，对包括天使投资在内的投向种子期、初创期等创新活动的投资，统筹研究相关税收支持政策。

同时，强化资本市场对技术创新的支持。加快创业板市场改革，规范发展服务小微企业的区域性股权市场；发挥沪深交易所股权质押融资机制作用，支持符合条件的创新创业企业发行公司债券。

【看点五：企业"话语权"】

如何让企业真正成为创新决策的主体？意见提出，建立高层次、常态化的企业技术创新对话、咨询制度，发挥企业和企业家在国家创新决策中的重要作用。吸收更多企业参与研究制定国家技术创新规划、计划、政策和标准，相关专家咨询组中产业专家和企业家应占较大比例。

【看点六：技术移民】

为了让人才"引得来""留得住"，意见提出要实行更具竞争力的人才吸引制度，规范和放宽技术型人才取得外国人永久居留证的条件，探索建立技术移民制度。对持有外国人永久居留证的外籍高层次人才在创办科技型企业等创新活动方面，给予中国籍公民同等待遇。围绕国家重大需求，面向全球引进首席科学家等高层次科技创新人才。

【看点七：改进 GDP 核算方法】

在完善创新驱动导向评价体系方面，意见提出，改进和完善国内生产总值核算方法，体现创新的经济价值。健全国有企业技术创新经营业绩考核制度，加大技术创新在国有企业经营业绩考核中的比重。把创新驱动发展成效纳入对地方领导干部的考核范围。

【看点八：市场导向】

意见明确，要发挥市场对技术研发方向、路线选择和各类创新资源配置的导向作用，调整创新决策和组织模式。提高普惠性财税政策支持力度，坚持结构性减税方向，逐步将国家对企业技术创新的投入方式转变为以普惠性财税政策为主。

【看点九：改革转制】

"集团化"和"市场化"是深化转制科研院所改革的两个重要方向。意见提出，对于承担较多行业共性科研任务的转制科研院所，可组建成产业技术研发集团。同时，推动以生产经营活动为主的转制科研院所深化市场化改革，通过引入社会资本或整体上市，积极发展混合所有制，推进产业技术联盟建设。

> **新华社评论**
>
> 充分激发各类主体参与创新活动的积极性，建立以企业为主体、产学研用协同创新机制，让科技创新在市场的沃土中不断结出累累硕果，中国这艘大船才能更有动力，行稳致远。

【看点十：产学研融合】

为破除人才流动的体制机制障碍，促进产学研深度融合，意见提出，符合条件的科研院所的科研人员经所在单位批准，可带着科研项目和成果、保留基本待遇到企业开展创新工作或创办企业。允许高等学校和科研院所设立一定比例流动岗位，吸引有创新实践经验的企业家和企业科技人才兼职。试点将企业任职经历作为高等学校新聘工程类教师的必要条件。

以改革点燃创新驱动之火

创新是推动一个国家和民族向前发展的重要力量，也是推动人类社会向前发展的重要力量。《中共中央 国务院关于深化体制机制改革加快实施创新驱动发展战略的若干意见》，指导深化体制机制改革，加快实施创新驱动发展战略，提出破除一切制约创新的思想障碍和制度藩篱，激发全社会创新活力和创造潜能。这一发展战略部署具有极其重要的现实意义和长远意义，将以改革点燃创新驱动之火。

唯有改革，才能冲破制约创新的体制机制。加快实施创新驱动发展战略，就是要使市场在资源配置中起决定性作用，更好地发挥政府作用。意见明确提出，政府部门不再直接管理具体项目，主要负责科技发展战略、规划、政策、布局、评估和监管。这表明政府要管好该管的事，市场的事由市场来决定。政府部门要大力减少和纠正用行政手段包揽、直接介入或干预科技创新活动的做法，把主要精力放在完善创新激励政策、营造公平公正的竞争环境上来，发挥好"推手"作用，为科技创新之树"施肥增养"。

唯有改革，才能破除阻碍创新的思想藩篱。意见提出加快下放科技成果使用、处置和收益权，让科技人员在创新中得到合理回报，这无疑是加速创新对接市场的"关键一招"。一直有观点认为，科研人员花费国家的钱出创新成果，收益理应都归于国家。其实科技成果转化的利益向科研单位、研究人员倾斜，要算好"万众创新、大众创业"的"社会大账"。通过改革科技成果转化利益分配机制，加速从科技成果到市场产品的转化，将使整个社会机体充满创新活力和动力。

新常态呼唤增长动力的转换，加快实施创新驱动发展战略已成当务之急。经济实现高质量、可持续增长归根结底要靠创新驱动。把增长动力真正从要素驱动转换为创新驱动，才不会在过分依赖投入、规模扩张的老路上"原地踏步"。充分激发各类主体参与创新活动的积极性，建立以企业为主体、产学研用协同创新机制，让科技创新在市场的沃土中不断结出累累硕果，中国这艘大船才能更有动力，行稳致远。

创新！迈向世界科技创新强国
——各界热议《国家创新驱动发展战略纲要》

"创新驱动就是创新成为引领发展的第一动力""抓创新就是抓发展、谋创新就是谋未来"……中共中央、国务院于2016年5月印发的《国家创新驱动发展战略纲要》，在社会各界引起强烈反响。

《纲要》提出到2020年进入创新型国家行列、到2030年跻身创新型国家前列、到2050年建成世界科技创新强国"三步走"目标，令广大高校、科研院所和企业界人士备受鼓舞。

"这'三步走'战略目标，为构建国家新的发展动力系统提供了方向和路线图，是实现中华民族伟大复兴中国梦的重大战略部署。"中国石油大学校长张来斌说。

科技兴则民族兴，科技强则国家强。在甘肃农业大学经济管理学院教授窦学诚看来，《纲要》对创新定位的战略高度前所未有。"创新是推动一个国家和民族不断向前发展的重要力量，国家对创新驱动发展作出的重大部署，有助于加快创新型国家建设步伐。"他说。

"《纲要》将指导中国未来30年的发展，意义十分重大。"西安中科创星科技孵化器有限公司首席科技官米磊说，"中国经济发展动力转变为创新驱动，需要更多科技和经济的结合，需要凝聚更多科技人才，释放科技的强大力量。只有科技创新才能助力实现两个一百年目标，实现中国梦。"

"《纲要》的实施将解开束缚创新发展的绳索，为创新注入原始动力。"北京化工大学生命科学与技术学院青年教师曹辉说，《纲要》为科技工作者开展创新研究提供了更大的空间和更好的条件，必将激发更大的创新热潮。

> **《国家创新驱动发展战略纲要》之三步走战略目标：**
>
> 第一步，到2020年进入创新型国家行列，基本建成中国特色国家创新体系，有力支撑全面建成小康社会目标的实现。
>
> 第二步，到2030年跻身创新型国家前列，发展驱动力实现根本转换，经济社会发展水平和国际竞争力大幅提升，为建成经济强国和共同富裕社会奠定坚实基础。
>
> 第三步，到2050年建成世界科技创新强国，成为世界主要科学中心和创新高地，为我国建成富强民主文明和谐的社会主义现代化国家、实现中华民族伟大复兴的中国梦提供强大支撑。

《纲要》提出，要让创新成为国家意志和全社会的共同行动，走出一条从人才强、科技强到产业强、经济强、国家强的发展新路径，为我国未来十几年乃至更长时间创造一个新的增长周期。

中国民营科技促进会副会长、北京东方硅谷科技开发院院长汪斌指出，人才是创新的源头，科技成果是创新的直接体现，新技术新成果经过转移转化、大规模生产形成新产业，从而促进创新型经济发展，最终推动创新型国家建设，这几个环节层层推进、一脉相承，是国家创新驱动发展的必经之路，也是必然选择。

"当前我国正处于经济转型升级的关键时期，《纲要》是为我国未来发展打造核心驱动力作出的重大部署。"甘肃源岗农林开发有限公司董事长秦伟志说,《纲要》明确提出具有原始创新竞争力的企业在建设创新型强国中的重要地位和作用,更加激发了企业的原创动力和发展步伐。

"我国经济增长点如何从低端制造业向拥有自主知识产权的高新行业转移,是国家科研发展的方向,也是我们科研工作者义不容辞的历史使命。"中科院植物所研究员秦峰说。

"总体看,当今世界各国的科技创新系统,彻底突破了'就科技论科技'的初级阶段。"上海交通大学党委书记姜斯宪说,科技创新与国家发展战略需要日趋密切,被赋予了更广泛的内涵和更重要的职责。

"《纲要》明确了建设创新型国家的总体方向和阶段性任务,部署的八个方面战略任务系统全面。"大唐电信科技产业集团董事长真才基表示,《纲要》明确了重点布局的新一代信息网络技术等10大领域,也提出了建设一批支撑高水平创新的基础设施平台等具体举措。大唐电信集团将通过领

《国家创新驱动发展战略纲要》之八大战略任务:

(一)推动产业技术体系创新,创造发展新优势

(二)强化原始创新,增强源头供给

(三)优化区域创新布局,打造区域经济增长极

(四)深化军民融合,促进创新互动

(五)壮大创新主体,引领创新发展

(六)实施重大科技项目和工程,实现重点跨越

(七)建设高水平人才队伍,筑牢创新根基

(八)推动创新创业,激发全社会创造活力

域对接、体系对接、项目对接，全面落实国家创新驱动发展战略。

中科院植被与环境变化国家重点实验室副主任杨元合表示，《纲要》提出了双轮驱动即科技创新和体制机制创新的新提法，对我国科技事业的长期健康发展至关重要，能从根本上解决一些长期积累的瓶颈问题。

"当前科技创新已成为提高综合国力的关键支撑，谁牵住了科技创新这个'牛鼻子'，走好科技创新这步棋，谁就能占领先机、赢得优势。"全国政协委员、中科院自动化所研究员易建强认为，《纲要》提出的一系列举措将对改革科技布局、推进科技发展、重组科技资源、优化创新体系、提升创新能力产生深远影响。

2 | "双创"新引擎,如何形成中国经济新动能?
——聚焦大众创业万众创新

《中国制造2025》已开始实施,从制造大国发展成制造强国,企业是生产主体,产品和技术创新是关键一环。"双创"时代更加需要工匠精神,青年创客要沉得下心、坐得住"冷板凳",真正做出匠心独运、经得起时间检验的"作品"。政府层面也应出台相关配套政策,建立更多创新试错机制,让敢于创新者创得起新。

国务院印发《关于大力推进大众创业万众创新若干政策措施的意见》

经李克强总理签批，国务院于 2015 年 6 月印发《关于大力推进大众创业万众创新若干政策措施的意见》（以下简称《意见》），这是推动大众创业、万众创新的系统性、普惠性政策文件。

《意见》指出，推进大众创业、万众创新，是发展的动力之源，也是富民之道、公平之计、强国之策，对于推动经济结构调整、打造发展新引擎、增强发展新动力、走创新驱动发展道路具有重要意义，是稳增长、扩就业、激发亿万群众智慧和创造力，促进社会纵向流动、公平正义的重大举措。

《意见》明确，推进大众创业、万众创新要按照"四个全面"战略布局，坚持改革推动，加快实施创新驱动发展战略，充分发挥市场在资源配置中的决定性作用和更好发挥政府作用，加大简政放权力度，放宽政策、放开市场、放活主体，形成有利于创业创新的良好氛围，让千千万万创业者活跃起来，汇聚成经济社会发展的巨大动能。不断完善体制机制、健全普惠性政策措施，加强统筹协调，构建有利于大众创业、万众创新蓬勃发展的政策环境、制度环境和公共服务体系，以创业带动就业、创新促进发展。要坚持深化改革，营造创业环境；坚持需求导向，释放创业活力；坚持政策协同，实现落地生根；坚持开放共享，推动模式创新。

> 《关于大力推进大众创业万众创新若干政策措施的意见》之9大领域：
>
> 一是创新体制机制，实现创业便利化；
>
> 二是优化财税政策，强化创业扶持；
>
> 三是搞活金融市场，实现便捷融资；
>
> 四是扩大创业投资，支持创业起步成长；
>
> 五是发展创业服务，构建创业生态；
>
> 六是建设创业创新平台，增强支撑作用；
>
> 七是激发创造活力，发展创新型创业；
>
> 八是拓展城乡创业渠道，实现创业带动就业；
>
> 九是加强统筹协调，完善协同机制。

《意见》从9大领域、30个方面明确了96条政策措施。一是创新体制机制，实现创业便利化；二是优化财税政策，强化创业扶持；三是搞活金融市场，实现便捷融资；四是扩大创业投资，支持创业起步成长；五是发展创业服务，构建创业生态；六是建设创业创新平台，增强支撑作用；七是激发创造活力，发展创新型创业；八是拓展城乡创业渠道，实现创业带动就业；九是加强统筹协调，完善协同机制。

《意见》指出要建立部际联席会议制度和政策协调联动机制、政策措施落实情况督查督导机制，形成强大合力，全力打通决策部署的"最先一公里"和政策落实的"最后一公里"，确保各项政策措施落地生根。

《意见》要求，各地区、各部门要进一步统一思想认识，高度重视、认真落实，结合实际明确任务分工、落实工作责任，主动作为、敢于担当，积极研究解决新问题，及时总结推广经验做法，推动各项政策措施落实到位，不断拓展大众创业、万众创新的空间，汇聚经济社会发展新动能，促进我国经济保持中高速增长、迈向中高端水平。

创客解读国务院《关于大力推进大众创业万众创新若干政策措施的意见》

"政府很严谨、很全面、很前卫,说出了我们的心里话。"创客们解读完国务院《关于大力推进大众创业万众创新若干政策措施的意见》后说。

一遍遍熟读96条政策措施,在创业路上的人们说"原来顺境创业更给力",而正在为创业踌躇的人们则不禁感叹"此时不创,更待何时"。

创客们将带着更加饱满的信心踏上新的创业征程……

为创业"输血":"投资方便了,创业容易多了"

"创业艰辛,但是日益改善的大环境,让我愈发热爱这份事业。"蓝巨人机器人有限公司创始人宋法亮以这句话结束了18日的项目路演。

这是他本周第二次路演。宋法亮说,自国务院重视创新创业以来,大批投资资金蜂拥而至,去年同期,一个月鲜有一次路演机会,而现在一周平均就要讲演两次。

"资金一直是束缚着创业者的瓶颈,经历了'车库'里的默默开发,我们期待资本进入将项目放大。"北京七厘米科技有限公司创始

《关于大力推进大众创业万众创新若干政策措施的意见》之30条：

（一）完善公平竞争市场环境。（二）深化商事制度改革。（三）加强创业知识产权保护。（四）健全创业人才培养与流动机制。（五）加大财政资金支持和统筹力度。（六）完善普惠性税收措施。（七）发挥政府采购支持作用。（八）优化资本市场。（九）创新银行支持方式。（十）丰富创业融资新模式。（十一）建立和完善创业投资引导机制。（十二）拓宽创业投资资金供给渠道。（十三）发展国有资本创业投资。（十四）推动创业投资"引进来"与"走出去"。（十五）加快发展创业孵化服务。（十六）大力发展第三方专业服务。（十七）发展"互联网+"创业服务。（十八）研究探索创业券、创新券等公共服务新模式。（十九）打造创业创新公共平台。（二十）用好创业创新技术平台。（二十一）发展创业创新区域平台。（二十二）支持科研人员创业。（二十三）支持大学生创业。（二十四）支持境外人才来华创业。（二十五）支持电子商务向基层延伸。（二十六）支持返乡创业集聚发展。（二十七）完善基层创业支撑服务。（二十八）加强组织领导。（二十九）加强政策协调联动。（三十）加强政策落实情况督查。

人王志强说，国务院提出"搞好金融市场，实现便捷融资"，仿佛一声哨响，"新三板"、"创业板"等融资平台间的改革与衔接也快速推进。

股权转让改革拓宽了并购渠道，未来将催生更加频繁的并购投资。王志强认为，融资退出机制被打通后，投资方将有更强的主动性去拉动投资，政策保底让创业者和投资者都很踏实。

"最明显的利好迹象是，大批准备去海外上市的企业开始拆分结构回归本土市场。"正在筹备创业的资深投资人杨乐乐说，新政策为新三板、创业板减负，"降低门槛、快速审核、高效挂牌"不仅让资本运转效率空前提高,也为"自媒体"等轻资产公司提供了更大的融资空间。

"过去如果我有设计3D打印机的创意,由于缺少商业计划只能自己掏钱实现,往往概念与产品的转化率很低。"杨乐乐说,现在政策支持公开、小额股权众筹融资,不仅为全民投资创业创新搭建了平台,也帮助更多有创新想法的人能更快实现产品落地。

> **创业者说**
>
> 这笔投资不仅让我们的员工数量扩大了十倍,同时也引起了更多投资机构的注意。"高茂翔说,现阶段创业企业还很少通过银行进行融资,相信在政府的政策支持下,银行等大型金融机构会开辟出为创业者量身定做的产品。
>
> 北京宠知道科技有限公司创始人 高茂翔

投资方便了,创业容易多了。作为一名刚刚迈入创业大门的新人,北京宠知道科技有限公司创始人高茂翔在公司正式运营了70天时,就获得了第一笔投资。

为创业者减负:"证少了,税减了,可以全力创业了"

当王志强读到"三证合一"、"一照一码"的改革措施时,长长地舒了一口气。"过去工商税务的年检和各类审批一直是企业的一块心病,每年至少需要提前两个月准备,不仅需要跑多个部门备案,而且有时还需要送礼才能免受腿脚之苦。"王志强说。

"商事制度改革为企业提供了不少简便。"意法半导体深圳研发公司高级工程师陈林感叹道,过去只有大企业能够享受的"快速通道",现在创业者也可以顺利通过,这一改革将有助于公平竞争市场环境的改善。

简化流程把时间留给创业者，可以让他们有更多的时间去"奇思妙想"、去找"风口"。常州大乐网络科技有限公司创始人岳新华说，在商事制度改革基础上，政府还通过减税帮助创业者度过"资金有限、营收能力弱"的创业前期危险期，这将大大提高创业的成功率。

"如何最大限度合理避税"几乎成了创业者需要上的第一堂课，然而实际上这对于创业者和市场来说两败俱伤。王志强说，新政策中

"完善创业投资企业享受70%应纳税所得额税收抵免政策"如果能够落地，将极大地扭转现阶段创业企业捉襟见肘的财务现状。

王志强介绍说，过去很多企业为了合理避税被迫"高消费、高投入"，而这样的财务报表在银行借贷、融资市场会遇到很大挫折，甚至最后需要补缴数以十万计的税款，因此下大力气改革税制符合初创企业的改革，可以让我们将最大限度的财力和精力用在创业本身。

"国家支持科研人员创业让我们看到了体制内多向发展的希望。"阜外心血管病医院心脏外科副教授、副主任医师孙宏涛说，医生利用业余时间行医本是治病救人的好事，然而受限于体制规定，医生一直

难以合法外出行医。

离岗保留人事关系、双向流动机制等改革将能够极大地释放体制内蕴含的巨大创新动力,打开体制内创业大门必将助力技术与市场碰撞出明亮的创新火花。

——阜外心血管病医院心脏外科副教授、副主任医师 孙宏涛

让创新创业有盼头:"红利来了,前景亮了,期待更多了"

2015年也许不是创业元年,但一定是创业者受到关怀最多的一年。

无论是王志强般的资深创客,还是高茂翔一样的创业小将都感受到了政府对创业者的全方位支持,在详读了96条政策后,政策早日落地释放"红利"成了新老创客们的最大期盼。

"三维(3D)打印开展面向创业者的社会化服务"成为国务院文件中的鼓励重点。成都一家从事3D打印的企业创始人陈吕洲在看到行业新亮点的同时,也产生了新的疑问:面向创业者的社会化服务需要怎样发力等问题在文件中没有解释。

"96条措施着实给力,但是信息量太大了,有些细节急需相关部门出面解读清楚,让创业者看得更明白。"陈吕洲说,创业本是一条风险极高的道路,国家大力扶持的当下,每一名创客都希望借风飞翔,但同时也担心误读政策掉队。

"发展创业服务，构建创业生态"也是众多创客期盼的焦点。北京睦合达信息技术有限公司总裁孙嚻说，如何让小微创业公司不再一盘散沙、各自为战，变成有机互补的商业生态组成部分，关键在于政府的政策鼓励以及引导。

现阶段小微企业同质性厮杀、重复性投入现象已略有显现。创客们期待政府不断深化政府的服务与协调功能，帮助社会资源更加高效运转，让小微企业具有更加广阔的市场空间。

推进大众创业、万众创新是一个系统工程，有"链反应"效应，应发挥从下至上的"众"能量。

"希望政府尽快缩短商标注册周期"、"知识产权的备案费用太高，小微企业难以承担"、"创业的各项手续还应该简化，比如放宽公司注册地址，居民住房都应该可以"……从工商登记制度改革到大力推动大众创业、万众创新政策措施的出台，采访中众多创业者对进一步营造宽松创业环境还有更多的期待。

"国家大旗一挥，创客们犹如箭在弦上，期待进一步的解释出台，让我们有的放矢。"在一个创业者交流微信群中，一名创业者发出了这样的期待。

政策"干货"频出，创业者们过得好吗？

政府工作报告提出"双创"一年以来，创业环境究竟发生了哪些改变？创业者过得好吗？创客们还有哪些期待？

政策激发创业活力：三大利好，你动心了吗？

2015年以来，为推动"双创"，政策"干货"频出。2015年3月2日，国务院印发《关于发展众创空间推进大众创新创业的指导意见》，提出八项重点任务，加快发展众创空间。2015年6月11日，国务院印发《关于大力推进大众创业万众创新若干政策措施的意见》，提出改革完善相关体制机制；2015年7月1日，国务院印发《关于积极推进"互联网＋"行动的指导意见》，"互联网＋"创业创新被列为11项重点行动之一。

2016年，政府工作报告提出，将持续推动大众创业、万众创新。受过去一年支持政策的推动，创业者已经迎来三个创业利好：

——创业门槛变低

创业的门槛在降低。36氪研究院院长朱一璞说，创业者明显察觉到，以往创业门槛较高，而现在针对创业企业服务的软硬件设施越

来越完善，注册办公室、法务工商注册等都有一系列的基础设施设置和服务，创业的门槛在日趋降低。创业者为琐事操心少了，集中精力创新多了。

——直接融资渠道增多

一年以来，在创业企业获得的直接融资中，来自新三板的融资给了创新企业新的融资渠道，打破了原有的创业投融资模式。根据全国中小企业股转公司的数据，2015年新三板市场股票发行次数2565次，融资金额1216.17亿元，2014仅为年132.09亿元。其中，信息传输、软件和信息技术服务业融资183.9亿元，2014年是18.8亿元。

朱一璞说，随着我国打造多层次资本市场，原来创业企业融资环境大幅改善。以往多轮融资和IPO的"击鼓传花"规矩，伴随新三板的崛起，增加了直接融资的渠道，利用挂牌新三板降低投资人对企业的认知成本，提高市场融资效率。

——创业环境持续改善

2016年政府工作报告写到，围绕激发市场活力，加大改革开放力度。不搞"大水漫灌"式的强刺激，而是持续推动结构性改革。深入推进简政放权、放管结合、优化服务改革。取消和下放311项行政审批事项，取消123项职业资格许可和认定事项，彻底终结了非行政许可审批。工商登记前置审批精简85%，全面实施三证合一、一照一码。加强事中事后监管，优化公共服务流程。群众和企业办事更加方便，全社会创业创新热情日益高涨。国家税务总局数据显示，2015年为支持"双创"共减免税收3000亿元以上。

创业情绪词云分析：积极情绪占比多

互联网创业生态服务平台36氪研究院对部分创新创业文章进行了文本语义分析。分析结果显示，褒义词占比达到52.4%，贬义属性占11.1%。可以看出，对于创业相关的讨论，明显以积极情绪为主。

情感分析结果显示，有关"互联网+"的创业文章主要以"好"的情感为主，占比达61.1%，其次是"乐"，为17.8%。可以说，在创业相关的深度分析文章中，美好、开心的情绪占据近八成。相比之下，"恶"的情感得分占比达到14.3%，排名第三。在创业潮中，一些概念型企业卷钱跑路，和法律灰色地带企业出现的现象，为创投圈带来了一些不好的影响。

本次文本分析的词云显示，"团队""用户""数据""体验"和"服务"等词汇屡次被提到，从中也可看出创投圈重视的一些关键点。

两会代表委员们还有哪些创业期许？

全国人大代表、小米科技有限责任公司董事长雷军建议，应进一步改善创业创新的环境，他认为，支持双创的制度建设还存在一定不足，公司法已落后于日新月异的双创热潮。他还建议，进一步完善农村互联网的建设，激发农村互联网领域酝酿的巨大创业机遇。

全国人大代表、腾讯公司董事局主席马化腾对5个领域都提出了建议，分别是分享经济、互联网医疗、数字内容产业、互联网生态安全，以及利用互联网应对公共卫生突发事件。他表示，5个领域都存在巨大的创业机遇，政策环境的完善将激发潜在活力的释放。

全国政协委员、百度公司董事长兼CEO李彦宏建议,应加快无人驾驶汽车方面法律法规的出台、优化空域资源管理。无人驾驶和无人机是近年来创业的两大热点。无独有偶,全国政协委员、吉利控股集团创始人兼董事长李书福也呼吁加快无人驾驶技术的立法进程。

全国政协委员、苏宁控股集团董事长张近东建议,加强农村电商人才培养,大力发展农村电商,同时加快跨境电商O2O发展,促进消费升级。

民间资本投向创业创新还有哪些"栓塞"?
——国务院督查"问诊""双创"软环境

当前,我国经济发展正处于新旧动能转换期,引导民间资本踊跃参与"双创",既能激发民间投资潜力,又能加快发展新经济、培育壮大新动能,让经济发展活力进一步迸发出来。

记者跟随国务院督查组走访北京、辽宁、黑龙江、四川、重庆、广东、福建、青海、山西等省市发现,各地认真落实大众创业万众创新有关政策,推动"双创"深入发展,取得了积极效果。但从督查情况看,民间资本投身"双创"仍存诸多"栓塞","双创"软环境有待进一步改善。

从政策到资金 各地支持"双创"力度大

"市、区科委引导我们走自主创新道路,研发具有自主知识产权的煎药机,研发产品得到市场认可后,又给了150万元产业化支持资金,推动产品走向市场。"北京东华原医疗设备公司姜黎滨说,政府支持对企业创新起到助推引擎的作用。

这只是全国各地支持创业创新的一个缩影。督查发现,各地认真落实国家推动大众创业万众创新有关政策,从政策创新到设立各类产业基金,到培育服务机构,培养创新人才,积极想办法、搭平台、引资金、促创新:

在福建,政府出台互联网创业服务实施办法,支持民营互联网创业孵化基地发展,形成一批以民办为主、多种发展模式的创业孵化基地。

在重庆,政府正在着力培育技术创新、信息技术、检验检测、投融资类的创业创新服务机构,同时加大政府购买服务力度,为小微企业提供低收费服务。

在青海,省财政从省级科技发展专项资金中统筹安排,投入5000万元投资引导资金,专项用于大学生利用自主研发或由其他合法渠道获得的技术进行"双创"活动。

一些细致贴身服务,也在各地创建的产业园、众创空间中不断涌现。2016年3月在新三板上市的北京亿玛在线科技公司负责人盛赞地方政府服务"很给力":"上市过程中,涉及异地办理多种证明材料,工商等有关部门开了绿色通道,加快办理,一点没耽误上市进度。"

民企困惑多　折射民间投资三类"栓塞"

尽管各地支持力度不小,但从督查情况看,在投身"双创"过程中,民营企业普遍存在各种各样的困惑,反映当前民间投资仍存诸多"栓塞":

——"有钱不愿投"折射"政策性栓塞"。在辽宁沈阳，多家创投基金反映，沈阳要求有政府引导基金参股的创投基金，60%的资金必须投在本地，本意是引导资金投身当地发展，实际效果却是造成很多资金不愿投到沈阳。

——"有钱投不出"折射"服务性栓塞"。在山西太原，创业板上市企业东杰智能董事长姚长杰反映，公司掌握数亿元资金，想投资城市智能停车设施却"投不出去"，原因是停车设施建设涉及选址、立项、规划、土地和消防等多部门，没有哪个部门愿意牵头协调推动。

——"想投没有钱"折射"老旧观念性栓塞"。在一些地方，政府政策性扶持资金、金融部门贷款等习惯性倾向于国有企业，导致一些有好项目、好创意的民营企业难以拿到急需的资金。

督查还发现，一些投资基金或者民营企业习惯经济高速增长时期"投资两三年就见回报""赚快钱"，缺乏长远投资意识，对创业创新健康可持续发展形成了制约。

"这些'栓塞'，正是当前政府部门积极推动创业创新，但实际效果却打折扣的根源所在。"东莞融易创投投资总监胡艳说。

提升双创软环境　"细节影响成效"

地方经济转型，"双创"能发挥多大作用，效果如何，政府服务意识、服务细致程度等软环境因素非常关键。

影响"双创"软环境的因素很多，也很细小，但这些细节却对政策效果产生很大影响。"在一些地方，有投资人来考察，连杯喝咖啡的地方都没有，人家看完就再也没来过，事情很小，反映的是当地基本服务意识缺失。"山西红土创新基金总经理陈永伟说。

浙商创投合伙人杨志龙反映，在北京，投资人看项目"在家里就行"，第三方机构会将创业项目资料整理好送上门；在东北或西部地区，缺乏基本的第三方服务，投资人得一个项目一个项目寻找走访，"效率低下，不利于形成创投氛围"。

一些地方对国家政策的宣介依然停留于"以文件落实文件"，还有一些文件是"锁在抽屉里的"。哈尔滨嘉天投资发展股份有限公司董事长桑洪建议，"政府部门应进一步改变观念，主动亮政策，服务民营企业。"

"要提升软环境，根源在于政府提升服务意识。"从海外回国的沈阳高新创业投资公司董经国反映，"国内很多省市对于特殊人才都有一次性补贴政策，在有些地方要跑上很多趟，跑到后来对这笔钱都没兴趣了。而在浙江，政府会帮你把手续办好，钱很快就能到位。"

太原皓德科技公司总经理李滨建议，软环境落后地区与先进地区建立交流机制，通过人才互换，带来新思路、新观念和新做法，来一点一点改变，一点一点提升。

民营企业家普遍期待，专项督查能够改善民间资本投身"双创"软环境。在整改具体问题的基础上，进一步推动地方政府、创投机构、创业企业、第三方服务机构等付出脚踏实地、长期不懈的努力，为"双创"营造良好的市场环境。

> **创业者说**
>
> 创业办各种审批手续要跑多个部门多个窗口，对创业初期的公司来说，人本来就少，还要有专人负责盯着跑审批，耗时耗力，希望开设审批"一站式服务"。
>
> 成都玖诚文化传媒有限公司总经理 杜伟

"双创"时代呼唤工匠精神

2016年3月5日,国务院总理李克强在政府工作报告中提到:"鼓励企业开展个性化定制、柔性化生产,培育精益求精的工匠精神,增品种、提品质、创品牌。""工匠精神"也成为此次政府工作报告的新词,备受社会关注。

工匠精神,古今中外皆有。提到工匠精神,不少人很快会联想到瑞士的钟表、德国的汽车。中国同样也有着悠久的"匠文化"传统,留下了都江堰、故宫等享誉中外的作品。

何为工匠精神?有企业家曾形象地将之形容为"一针捅破天"的决心,即在行业细分领域做到国内第一乃至世界第一。往小里说,工匠精神体现的是生产者在技艺和工艺流程上的精益求精,将产品打造成精致的艺术品,而不仅是商品;从大处讲,如切如磋、如琢如磨的钻劲背后则是对事业和人生的敬畏之心。

为何再提工匠精神?众所周知,当前国内产品竞争面临的一个重要问题是低价、低质,不仅难以充分满足消费者的需求,也不利于行业进步和技术创新。随着经济社会发展和人们生活水平的逐步提高,对品质和个性表达的追求已成为大众消费的重要趋势。这是推进供给侧改革的重要机会。

近年来,随着国家一系列支持"大众创业、万众创新"政策的出台,不少人走上了互联网创业的道路,诸如"众创空间"等创新创业平台也在蓬勃发展。然而,其中也存在一些不好的苗头,创业过程中急功近利者有之,对实体产业认识不足者有之,只玩概念不做实实在在创新的亦有之。

《中国制造2025》已开始实施,从制造大国发展成制造强国,企业是生产主体,产品和技术创新是关键一环。"双创"时代更加需要工匠精神,青年创客要沉得下心、坐得住"冷板凳",真正做出匠心独运、经得起时间检验的"作品"。政府层面也应出台相关配套政策,建立更多创新试错机制,让敢于创新者创得起新。

《尚书·大禹谟》有云:"人心惟危,道心惟微;惟精惟一,允执厥中。"工匠精神本质上就是古人所说的"精一"哲学。实际上,不光产品和技术创新需要工匠精神,社会的行稳致远同样也需要多一点踏实专注的"匠气"。

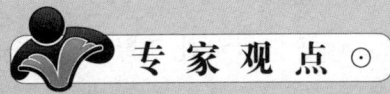
专家观点

  弘扬大国工匠精神能够有力推动我国由制造业大国向制造业强国的跃升。我们已成为世界第一制造业大国,但我们也应清醒地认识到,在一国产业发展需要经历的农业输出、低端制造、中高端制造、创新科技中心的四个阶段中,我们仍停留在第二个阶段。我们亟须实现由制造业大国向制造业强国的跃升,而绝离不开大国工匠精神的坚实支撑。如果把提高科技创新水平、强化工业基础能力、提升信息化与工业化融合水平等视为我国制造业转型升级的"硬件",那么,一大批产业劳动者身上的大国工匠精神则是必不可少的"软件",缺少软件支撑的硬件,犹如断弦之弓,发挥不出任何价值。任何科学技术的发展都不能取代劳动者的双手,从制造业大国迈向制造业强国的过程中,需要一大批具备工匠精神的劳动者挥洒热血,他们才是真正的筑梦人。

——北京大学教授 董志勇

中关村"双创生态"调查：
创新种子何以"野蛮生长"？

2016年一季度，中关村国家自主创新示范区企业申请国际专利2284件，同比增长351.4%；申请国内专利13114件，同比增长14.6%。

在中关村，创新的种子何以如此"野蛮生长"？中关村科技园区管委会主任郭洪一语道破"天机"："中关村已经步入创新创业服务3.0模式，继企业孵化器提供物业服务和增值服务之后，可为创业者提供全方位、个性化的服务。我们为创新的种子提供生态。"

为最有潜力的项目提供最专业的创投服务

"80后"总裁陈逸非怎么也没料到，4年之间，他所带领的"升哲科技"创业团队竟完成了一段加速跑：在美国、日本开设分公司，产品进入260列中国高铁，走进故宫博物院、国家博物馆，覆盖40个国家级风景区，更成为谷歌智慧城市的服务提供商……

陈逸非能够实现梦想，除了其团队自主研发的超低功耗蓝牙传感器这一核心技术，还离不开中关村得天独厚的技术孵化资源。"一项技术要被国际认可，有的长达十几年，在这里，我们只用了4年，很难想象。"

促成升哲科技"加速跑"的是微软公司在中关村设立的"微软创投加速器"。"我们致力于为最有潜力的创新项目提供最专业的创投服务，包括人、财、策略、市场拓展等全方位优质服务。"微软创投加速器首席执行官罗斌说。

围绕物联网、云计算、人工智能等核心技术孵化，是微软孵化加速的特征。自2012年7月设立以来，微软创投加速器已加速孵化126家技术型创新企业，这些企业总体估值超过380亿元。

记者在中关村创业大街走访了解到，有别于传统的集中办公服务、地产物业型孵化器，近来一大批科技产业巨头、专业服务机构、大企业高管等投身专业孵化服务，提升了双创服务专业水平。

例如，英特尔通过众创空间加速器给创客输出技术、产品、生态链、品牌等资源；36氪"氪空间"以联合办公空间为载体，孵化大量新企业；药明康德致力于打造涵盖"投资＋知识产权＋专业技术"等专业服务的开放式生物医药创新创业孵化服务平台……

创业者变身投资人："多次创业"云涌中关村

在中关村开放、循环的创新创业生态中，创业已经成为一种基本的生存状态。在这里，二次创业、多次创业风起云涌。

"我自己创业已经27年了，尤其是经历了金山的创业期，整个过程非常艰难。10年前创业最缺天使投资，那时候的创业要从零开始。"中关村连续创业者、小米科技创始人雷军回忆起当时创业的"短板",和许多创业者一样他也渴求"天使"降临。因此,成功之后,雷军选择专心做天使投资。

如今,雷军与小米科技正从"创业者"转变为"循环生态"中的重要"投资者",计划投资100家创业企业。他认为,创业者越多,投资者便越多,而投资者越多,成功的创业者则有可能越多,这形成双创、创投的良性循环,这是中关村的优势。

事实上,除了围绕创业投资的闭环,更有围绕人才的循环链条。郭洪说,一些跨国大企业抱怨人才流失率高,但这也为整个区域的创新生态提供了人才资源。于是,企业高管离职创业、大企业技术人才创业等成了中关村的新风景。

如今,中关村已经形成"金山系""联想系""百度系"等创业大军,推动着企业自我革新、不断超越。

营造"双创生态",政府该做什么?

双创服务新模式的形成既是市场加速进化的必然,也是政府不断创新管理方式、服务模式的结果。

在陈逸非看来,如果没有2013年夏天的一场中关村管委会等政府部门组织的创业者交流活动,升哲科技也很难进入微软创投加速器的视野。罗斌说,若没有中关村区域的数十家加速器、孵化器、高校、人才生态,微软则很难发掘中国创新的一张张"名片";联想之星总经理王明耀则认为,若没有政府规划、市场唱主角的"中关村创业大街"聚集资源,就不会有比肩美国"硅谷"的创业氛围。

近年来，中关村管理部门借力创新创业热潮，先后梳理、规划出了"中关村创业大街""升级版中关村大街""科技金融一条街""知识产权标准化一条街"，以及即将亮相的"中关村智能制造大街"等等。其共同点是，聚合资源优势，降低创业成本。

同时，政府创新服务模式，便利创业创新。例如，把服务创业企业的多项政府服务"混搭"100多项市场专业服务等装进"创业会客厅"。2015年3月运营至今，创业会客厅共接待5815次创业咨询，为超过1200家企业提供专业服务，有514家创业企业通过窗口办理企业设立业务。

"推动创新创业，要厘清政府、市场和社会的关系。"郭洪认为，在这个过程中，政府不只是靠优惠政策，最关键的是要做生态。生态系统包括领军企业、高校院所、高端人才、天使投资和创业金融、创业服务、创新创业文化等六大关键要素，以及良好的市场、法制、政策环境。

"为创业者找人找钱找市场，这是生态才能做的事情。"郭洪说。

3 "放管结合"还需迈过几道坎?
——聚焦简政放权

简政放权是"一场自我革命",其根本是政府职能转变。"放"不是一放了之,而是放活、放好、放到位;"管"不是无所不包,而是管权、管责、管制度。"放"和"管"就像两个轮子,只有两个轮子都做圆了,车才能跑起来。

"三证合一"改革破冰带来哪些启示？

简政放权是全面深化改革的"先手棋"，是本届政府"第一件大事"。两年多来，简政放权各项改革有序推进，一边做减法，一边做加法。哪些"硬骨头""拦路虎"已被清除？如何激活市场新活力？哪些环节有待进一步加强？放管结合取得了什么成效？新华社组织多地分社记者展开调研。从 2015 年 7 月 27 日起，"新华全媒头条"连续四天播发系列报道，从市场如何获得新活力、民生怎样增强"获得感"、政策着力

助推"新业态"、监管注重"放管转"结合等四方面，为读者展现简政放权"全景图"和"成绩单"，梳理下一步的"时间表"和"路线图"。

每个人只有一张身份证，但企业却一直有三张"身份证"：营业执照、组织机构代码证、税务登记证。申请烦琐、多项收费，而有的证难得一用。

2015年，这件事发生了历史性转折。5月举行的国务院常务会议确定，实施"三证合一"登记制度改革，将工商、质检、税务分别核发证照，改为由工商部门一次性核发营业执照。

在本轮简政放权中，"三证合一"被评价为力度空前、改革彻底，其成功破冰对于加速其他领域改革具有重要启示。

破冰："原来跑断腿，如今一条龙"

"塑料袋装着厚厚一摞原件和复印件，身份证还复印了好几份；填200多个数据，跑大半个月，没有七八趟下不来。"这是北京嘉利新宏科技有限公司法人代表王学岭以前注册企业的遭遇。而今，则变成了"填20多个信息，5个工作日就拿到证了，还没找代办机构"。

不久前，他因领取北京首张"三证合一、一照一号"营业执照而广受关注。

"三证合一"曾被认为是商事改革中"最难啃的骨头"。而李克强总理2015年3月考察国家工商总局时提出硬要求："三证合一、单一号码"改革年内务必实现。

截至4月底，全国已有29个省份开展了"三证合一"登记制度改革试点。目前江苏、湖北等地实施"一证三号"模式，而在北京、深圳等地，"一照一号"已开始试点。

企业登记提速源于商事改革加速。江苏省政府办公厅政务公开办主任张旻介绍，自去年底正式启动"三证合一"改革以来，江苏实现统一受理窗口、统一登记表格、统一数据标准和统一办理平台"四个统一"。

6月1日，江苏改造升级后的企业注册登记并联审批平台正式上线运行，打破了登记层级的空间限制，实现省、市、县、乡一张网、一个平台登记。截至7月20日，全省共发放"三证合一"营业执照1.3万余份，发照数量领跑全国。

名词解释

什么是"一证三号"模式？

"一证三号"模式，即在营业执照上打上工商、税务、质检的三个号码。

北京市工商局注册登记处处长况旭介绍，现在申请人仅需在网上一次填写申请信息，前一环节的有效数据信息直接应用于下一环节审批，减少部门间的数据重复审查、重复录入。

"能政府内部流转，就不让企业跑两个部门；能共同承担责任，就不让企业多提供一份材料；能当场拍板的，就不让企业多等两天。"他说。

国家工商总局数据显示，2011年9月至2013年9月，办一家企业平均用时25.59天；而商事制度改革实施以来，缩短为14.29天，节省了近一半。如果实现"一证一号"，有望减少到5天，甚至更短。

中国社会科学院法学所副研究员姚佳说，"三证合一"提高了市场主体的准入效率，淡化了部门利益，"产生的改革红利既能给市场带来正向效应，也有利于保持政府改革的应有势能。"

专家认为，"三证合一"还有利于破除不同市场主体之间的"信息孤岛"，将有效促进建立公开透明的社会信用体系，缓解小微企业贷款难等问题，不断释放出更多改革红利。

启示:"层层倒逼"破除利益藩篱

"一些地方前几年就开始试点了,一直进展缓慢。今年顶层设计方案出炉后,各地改革陡然提速。"一些基层干部如此回忆起"三证合一"改革历程。

在中国人民大学商法研究所所长刘俊海看来,中央政府加强顶层设计,层层倒逼各地打破部门垄断,是这一改革的成功关键。"从历史和实践看,单个地方、单个部门的单边突进,很难打破部门间阻隔。"

牵头层级越高,改革力度越大。

记者调研中发现,一些地方由工商部门牵头推进"三证合一"改革,往往不彻底,"煮夹生饭";而以一级政府统筹推进改革,则力度大,见实效。

以江苏"三证合一"协调推进工作小组为例,常务副省长担任组长,两个副省长担任副组长,3个省政府正副秘书长和7个省有关部门负责人担任成员,负责指导和督查,下设办公室抽调相关部门业务骨干具体协调落实。

"从实际效果看,建立由政府主导、部门参与的协调推进工作机制,对确保全省'三证合一'登记制度改革实施发挥了有力的组织保障作用。"张旻说。

对于职能部门来说,推行这项改革就是自我革命。以组织机构代码证号为例,在办证换证时需要收费,在有的省,这项收费一年可达数千万元。"三证合一"改革后,这部分经济利益就没有了。

而国务院常务会议提出"年底前彻底完成"目标后,各地纷纷以问题为导向,强力扫除利益藩篱。

"不能算部门小账,而要算全局大账。"姚佳表示,改革后,一些职能部门的收费减少了,权力也小了。但从国家范围看,市场主体更方便,经济更有活力,有利于税源和财政收入增加,"大河满了,小河才有水"。

另一个启示是,让权力网上公开运行,需要整合数据统一平台。

各部门都有自己的规范标准,数据难以共享。江苏在改革中专门成立技术组,通过改造升级,实现全省企业注册登记并联审批平台与部门系统的全数据共享。

提高"三证合一"改革的科学性、合理性,必须整合各部门标准,建立统一的数据平台。从实践看,只有打破部门间的"信息孤岛",统一标注规范,才能使改革从"物理反应"升华到"化学反应",从根本上提高行政效能。

——国家行政学院教授　竹立家

期盼:统筹推进"一证走天下"

正在筹资办企业的西安创业者王毅向记者抱怨,银行办理贷款业务时,依然要求客户提供工商营业执照、税务登记证、组织机构代码证、开户许可证和法人身份证,缺一不可。

"我如果选择领取'三证合一'营业执照,反而会因为'手续不全'贷不了款。"王毅很困惑。

记者近期致电多个银行客服也发现,目前企业开基本账户仍然需要组织机构代码证原件。一些银行工作人员表示,之所以需要原来的"老证",是因为资料最终要交由中国人民银行审核。

改革推进不统一、不配套,让企业尚难"一证走天下"。

"现在已经不是改不改的问题了,而是怎么样才能改得好、改得彻底。"一位业内人士说,税收征收管理法、组织机构代码管理办法中,制发税务登记证和机构代码证都有具体规定,"现在'守门员'换了,'裁判'就不能再按原来的规则吹了。"

刘俊海认为,一些地方职能部门以"法律法规有规定、国家主管机关有要求"等名义抵制改革,因此改革"上下不衔接"的问题应及早解决。

"实践先于制度"的问题,并非只存在于"三证合一"改革中。专家认为,应加快修改调整相关法律法规的步伐,增强简政放权改革的合法性。

"统筹推进"已成改革当务之急。中国行政体制改革研究会秘书长王满传说,工商登记制度改革颠覆了传统监管模式,需要各职能部门协调配合、共同应对。目前,各行政审批部门对配套制度建设和监管手段建设还不重视,信用监管、协同监管和社会共治还处于探索起步阶段,难以适应改革后企业迅速进入市场的监管要求,需要进一步加强顶层设计,持续推进改革。

"放管结合"还需迈过几道坎?

简政放权,不等于"一放了之"。

2015年7月22日召开的国务院常务会议提出,将持续推进简政放权、放管结合、优化服务改革,创新事中事后监管,促使市场主体自觉守法,营造公平竞争环境。

既不能越位、错位,也不能缺位——政府在市场中如何找准自身定位?

记者近日兵分多路调查发现,各地围绕"放管结合",在完善监管体系、丰富监管方式等方面积极展开探索,成效初显,但仍然存在不少问题。监管合力尚未形成、基层配置有待"下沉"、社会组织仍需壮大规范,成为直接影响"放管结合"、政府"强身"的三道坎。

从"等人敲门"到"上门找人",事后监管如何形成合力?

吉林长春18家不法投资公司携带市民委托投资的近亿元血汗钱跑路。这些注册资本数千万元、获取投资者信任的民营投资公司,实缴资本为0元。

"0元公司"诈骗现象引发热议:商事制度改革、市场放宽准入条件后,如何加强市场监管?

行政权力,该放的要放彻底,该管的要管到位。

> **新华社评论**
>
> 在大量减少审批后,政府要更多转为事中事后监管,切实把市场管住、管好。这是政府管理方式的重大转变,难度更大、要求更高。各级政府及其工作人员要积极适应这一转变,切实履行好管理职责,要明确"放"与"管"的边界,创新加强事中事后监管,实现责任和权力同步下放、放活和监管同步到位。

"以往工商部门是要等开办企业所需证件办齐后,再发执照,是'守门员';现在前置审批条件都改成后置,企业获得工商执照等于拿到'入场券',但并不意味着就能上场踢球。"一位工商部门监管人士这样比喻。

近年来,商事登记改革持续推进,100项工商登记前置审批事项改为后置审批,放宽了经济主体的市场准入。据业内人士介绍,以前是所有证件都拿齐了,才能办工商执照,企业为了正常营业,必须主动去敲审批单位的门;现在是先颁发执照再办证,节省了企业的时间,工商登记部门从过去的"守门员"变成了"收票员",但需要审批单位主动出击找那些拿到了执照的企业,这就为找得准、管到位增加了难度。

"打个比方,开餐饮企业,以前得先拿许可证,现在注册一个公司,经营范围里有餐饮,如果没有经过噪音、油烟测试,没有拿证的情况下就营业,监管部门就得主动到市场上排查。"上述人士说,涉及养老、食品等一系列人民群众健康、安全的监管,不仅不能放,还要抓得更紧。

事实上,市场经济越发育,监管难度越大。国家行政体制改革研究会秘书长王满传说,在审批减少、宽进严管的监管新需求背景下,继续停留于"审批依赖、各管一段"的传统监管理念和方式,必然难以应对新增市场主体"鱼龙混杂"的新挑战。

如何让事后监管更加有效？一些地方正在试水"合力监管"。

"我们将食药、质监、物价、知识产权等市场监管职能整合成立市场监管局，实现一支队伍管市场。"在湖北襄阳高新区，新成立的市场监管局副局长王永娟说，借助网格化、清单式监管，市场监管局真正实现了对市场主体"一巡多查"，做到应查尽查，有效解决以往分段监管、多头监管的弊端。

王永娟说，以前多条热线、多头反馈，存在着民众不知向谁投诉、部门相互推诿的问题；执法时也会存在工商查台账、食药监查安全、质监查电子秤等分头行动，上门就要好几次。现在一支队伍统一响应、执法，提高办事效率的同时，也消除了监管死角。

> **新华社评论**
>
> 简政放权是"一场自我革命"，其根本是政府职能转变。"放"不是一放了之，而是放活、放好、放到位；"管"不是无所不包，而是管权、管责、管制度。"放"和"管"就像两个轮子，只有两个轮子都做圆了，车才能跑起来。

"管烟花的"变"管危化的"，基层监管"接得住"吗？

简政放权大背景下的监管，重点在基层，难点也是基层。

"以前食品监管是'橄榄型'结构，中间人多，两头尤其是基层执法力量弱。"上海市食药监局局长阎祖强说，现在上海划转和下沉给基层的执法人员超过1700人，市、区县、街镇三级执法形成10∶25∶65的"金字塔"结构。

伴随着简政放权的持续推进，大量审批、监管权限下放至基层，基层"人财物"能否配足、配强，直接影响简政放权放权能否放得好、管得住。然而，记者走访发现，一些基层地区人手缺乏、人员培训没有及时跟上，"接不住、管不好"等问题仍存在。

中部地区一基层政府探索审批集中，将原本分散在数十个部门的审批权，集中在一个部门行使，一个工作人员要负责数十项审批业务。

"现在我们部门统筹管理18个窗口、8个局几十项业务，我自己要负责20多项，很多业务需要熟悉，一整天神经都是紧绷的。"上述地区窗口工作人员小鹏拿着一本几厘米厚的册子说，过去只要管烟花爆竹产销，现在得负责危化品、职业病等80%以上的审批条例，此前工作中从未接触过。

类似情况在一些街道办事处出现。不少办事处工作人员说："上面机构精简了，下面该做的事却越减越多，但人还是那么几个。"

"简政放权，到了我们这一级，就成了简政'放责'。"不少工作人员向记者反映，在基层，时常出现"放责不放权"的现象，由于权责不对等，导致许多下放的事项难以推进。

"我们可以进行安全生产方面的检查监督，但是没有处罚权，所以就算检查了对方也不当回事，通知他参加安全生产会议，也不来。"湖南某市一街道办事处工作人员说。

目前，一些地方已着手探索，通过监管执法权限"下沉"、配强基层力量。例如，为了解决非法采矿，地处湖南省湘潭县南部的中路铺镇将国土、安监、环保等7个职能部门的13项行政处罚权，下放至乡镇。

中路铺镇党委书记李洪运说，过去乡镇没有执法权，只能上报县

政府权力下放后,基层监管执法任务繁重,应为其配备与其责任相符的人员与执法权限。

——中国政法大学党委书记 石亚军

国土部门处理。而国土部门执法大队人员有限,有时等到执法队员到场,非法采矿人员早已转移。"基层执法权限和力量充实后,'放管结合'彻底改变了以往'看得见的管不着,管得着的看不见'等窘境。"

"红顶中介"加速脱帽,社会组织怎样"接棒"?

政府"瘦身"之后,一方面半官方性质的"红顶中介"正加速与行政职能部门脱钩;另一方面不少原本由政府承担的管理服务职能,改由行业协会等社会组织承担实施。

那么问题来了:这些新的管理服务主体能否"接棒"?

不少业内人士介绍,社会组织一般不具备行政强制权力,其参与市场管理主要是依靠行业约定、技术标准、资质认可、等级评价等市场手段,为市场参与者提供相关企业在技术、信用、安全等方面的参考指标,起到"表彰先进、监督落后、净化市场"的综合作用。

近两年来,国家大力鼓励社会组织发展,引入市场竞争机制,各地社会组织发展迅猛,全国社会组织数量增长速度保持在10%左右。但湖南省工商联副主席吴曙光说,无论是数量还是质量,与当前经济发展和简政放权要求还存在不小差距。

政府管理职能下放给市场，首先要有相应的专业性社会组织来承接。"环评下放后，有的环评机构竟是环评对象的子公司，有的地方连环评公司都没有。"王满传说，这种情况下，环评放下去后，能否发挥出应有的监管职能明显存疑。

社会组织需要具备足够专业实力，才能承担起市场监管职能。武汉市一家商会组织介绍，针对豆制品小作坊脏乱差问题，政府曾委托当地豆制品商会来调研整治市场环境。商会组织只能通过商会约定来对会员单位规范管理，但大部分豆制品企业、作坊，连豆制品商会会员成员都不是。"一个覆盖面非常有限的商会组织，要承担起全市整个豆制品市场的管理，从何谈起？"

要管好相关行业领域，社会组织"打铁还需自身硬"。不少企业反映，一些行业协会类社会组织，服务能力有限，却利用资质鉴定、检验检测等行业垄断职能大肆敛财。

全国工商联房地产商会投融资中心主任尹斌说，企业反映参加的行业协会、学会、研究会、商会等社团组织数量普遍都有5至10家，多的甚至高达二三十家，每年每家协会会费少则1000至2000元，多的达数万元，其中很多协会收费多服务少，甚至是不服务。光收钱没服务的协会，无法让企业信服，怎么来发挥规范、净化市场的作用？

"完善的社会组织，是实现大市场、小政府的前提条件。"湖北襄阳市高新区管委会副主任鲁大全认为，目前需要做的，一方面是降低社会组织成立门槛，打破行业垄断，通过市场竞争优胜劣汰产生一批覆盖面广、运行规范、有公信力的社会组织；另一方面在针对社会组织的法规、监管等方面进一步完善，对违规、违法的社会组织加以惩处，"这样政府下放的管理职能，社会组织才能接得稳、用得好、管得住"。

简政放权，放管缺一不可。不少业内专家和基层干部表示，迈过管理体系、基层配置、社会组织三道坎之外，还得继续增强各方依法履职能力，进一步加强管理提高效能，更加宽松地放，更加科学地管，让市场与社会实现"活而有序"。

让简政放权带给百姓更多"获得感"

两年多来，简政放权改革取消、下放多项审批权力，而在可观的数据背后，另一张成绩单，是老百姓的感受。

2015年2月，习近平总书记在中央全面深化改革领导小组第十次会议上强调，"把改革方案的含金量充分展示出来，让人民群众有更多获得感。"事实上，简政放权效果好不好，正是要看老百姓"获得感"有多少。

"获得感"来自何处？来自公众对改革的民生期待——程序更明白、手续更简单、沟通更顺畅、证明不再"奇葩"。

它们实现了吗？

群众办事新气象：从哪里感受到了简政放权？

对于北京市民刘令栓来说，简政放权给他的"获得感"是8个工作日。"消防证已经全都办好了，一共就来了两趟，快多了。"6月，在北京市西城区综合行政服务中心办理建审消防证件的刘令栓告诉记者，过去需要15个工作日，如今缩短了一半。

在湖北襄阳超市老板志强眼里，这份"获得感"是减少了12天"跑腿"。几年前，超市换广告招牌花了志强两个星期，因为申报、审批、现场踏勘等程序都要城管部门完成，尤其是现场踏勘，排队等候时间特别长。2015年6月，超市要再次更换广告招牌。由于当地在新一轮改革中安排专人负责现场踏勘工作，志强的排队等待时间明显缩短了，走完全部流程只要2天。

在北京某综合行政服务中心工作人员张女士眼里，"获得感"是一套资料与5套资料的区别。她说，简政放权改革之前，新设立有限责任公司须分别向不同部门提交5套资料，填写数据项200多个，如今，拿到工商局出具的名称核准通知书后，办事人只需提交一套资料，区行政服务中心、工商、质监等部门便可联动办理。

对老百姓来说，简政放权"获得感"的同义词是明白、简单、快捷。

各地都迈出了步伐：北京市西城区事项标准由过去的825项精简为699项、管理规范类标准由1225项规范为45项；湖南14个市州共取消、下放行政审批事项1000余项；在2015年地方两会晒出的权力事项精简成绩单中，一些省份减掉近七成……

改革还将继续向纵深推进。国务院总理李克强在2015年5月提出，今年简政放权重点工作是五个"再砍掉一批"，包括审批事项、审批中介事项、审批过

> **新华社评论**
>
> 要转变监管理念，强化法治、公平、责任意识，坚持依法监管。监管要与社会信用体系相衔接，建立健全诚信档案、失信联合惩戒和黑名单制度，促使市场主体自觉守法，营造公平经营环境。

程中的繁文缛节、企业登记注册和办事的关卡、不合法不合规不合理的收费，"要把主要由政府部门'端菜'变为更多由人民群众'点菜'。"

"获得感"还来自参与度。国务院6月在网上开展"我来参与国务院文件清理"活动，邀请网民对拟进行清理的部分国务院文件提出清理意见，并将把网民意见作为对文件清理决定的重要参考依据。

与此同时，面对让老百姓深恶痛绝的"证明你妈是你妈"问题，公安部称：各地开始清理"奇葩证明"，全面梳理证明种类，要让信息多跑路，让群众少跑腿。

"小事大麻烦"让"获得感"打折

然而，在一些地方，部分民众仍未享受到改革的雨露。

中部某市市民江先生就是其中之一。2015年6月，江先生在上海住院后，回乡报销异地医保。尽管备齐了各项资料，但该区医保站窗口工作人员仍告诉他，"你还缺一份××材料，几天之内拿过来，否则不办。"

江先生纳闷了，为什么从来没听说过这份材料？他打电话询问了上海医院、当地另一区县医保站，对方皆回应，"从没听说需要这个东西。"此后，江先生跑了好几趟、多方询问打听，甚至委托熟人"打招呼"，皆无果。

无奈之下，他只好硬着头皮给区医保站站长送了1000元购物卡，"然后什么材料都没要，就给我办了"。

记者采访中，江先生一再强调不要写明个人详细信息。"我得的是慢性病，年年要住院、报销，明年我还得求这个人，惹不起。"

一些群众说,有的权力掌握在"小官"手中,仍存在审批事项"一夫当关、万夫莫开"的局面,吃拿卡要现象仍未根除,群众办小事,却要受大麻烦。

湖南省个体老板阿华遇到了另一种麻烦——为了一张单身证明,他"团团转"跑了近两周。

阿华离婚3年,结婚登记和离婚登记在某市民政局办理,而户口所在地则在县城小镇。他前往民政局申请办理单身证明,工作人员告诉他:"这个证明要在户口所在地出,我们不能越级。"阿华不服气:"结婚和离婚登记也不在户口所在地,当时不越级,现在怎么就越级了?"工作人员回答:"规定就是这样。下一位。"

于是,他只好回到户口所在镇去,而镇派出所与民政局的登记信息没有共享,阿华的户口仍然显示"未婚"。最令人费解的事情来了——派出所要求阿华"先证明结婚了,再证明离婚了,才能开证明"。

"换句话说,我必须先把户口改成结婚,再改成离婚,而且他们要求我前妻必须在场。"阿华说,前妻已在外地生活。工作人员答:"在南极也要回来才能出证明。"

尽管嘴皮磨破,可镇派出所依旧答复

"划界" 新华社发 徐骏 作

他，要更改户口婚姻信息，先要到结婚和离婚登记地址，也就是市民政局，证明"已结婚"和"已离婚"。阿华再次回到民政局，对方再次推诿："这是你户口所在地派出所的事。"

从户口所在的镇到地市民政局，开车需要4个小时，为了一纸单身证明，阿华来回跑了4次，徒劳无功。

据新华社2015年组织的一项问卷调查，流程烦琐、手续复杂，依然是2014年百姓去政府办事的普遍感受。

在近2500名受访者中，超过78%的人认为去政府办事"很麻烦"或"比较麻烦"；超过81%的人认为办事流程"繁杂"和"比较繁杂"；办一个手续，有13.1%的人跑了10趟以上，而3趟以下就办完的，不到三分之一；在实际操作中，需要"托关系、找熟人"的受访者超过七成，这依然是群众办事的无奈"潜规则"。

还需要哪些"获得感"？

事实上，当"门难进、事难办"有所改观，下一步，群众所需"获得感"还来自"脸难看"的改变。

6月，记者在中部某市房地产交易中心蹲点观察，目睹了一场关于"态度"的激烈争吵，14号窗口的一位中年男子与工作人员大声争论，气急之下，用文件袋摔打柜台桌面。

"实在太气人了，一个二手房按揭抵押登记，来回跑了两趟，好不容易排上了队，却告诉我规定改了，要到汉阳去办。"某银行负责房产抵押业务的王先生说，6月4日他和客户拿号排队等了4个小时，将房产抵押资料提交给窗口工作人员，当晚就接到电话要他第二天来领取资料。5日,王先生的客户特意向单位请假,和他一起来到房产局,拿号排队,又等了快4个小时。好不容易排到了,窗口人员却告之:规定更改,他们必须将资料提交给区房管局。

"规定改了,为什么不在电话里通知,然后直接取件?非得重新拿号、排队才告诉我们?"王先生不明白,只要工作人员提前提醒和快速退件,就能避免耽误时间,为何如此大费周章,反复折腾?

"我怎么知道?我也刚接到通知!"窗口人员一句话就把王先生堵回去了。然而,这一项更改,意味着王先生的客户需要再请一上午假,赶一个小时路程,到区房管局从头再排一次队。"白白耗了一天,工作人员连解释都没有,这才是最气人的。"

窗口办事人员的工作态度,是关系到群众"简政放权"获得感的第一线感触,中央政策"热乎乎",窗口一个脸色却有可能让老百姓寒了心。

"程序上的客观问题,不是不能理解,但不能成为简单粗暴态度的'尚方宝剑'。"不少人表示,如果"不顺利"和"不明白"遇上了"不解释",就算几经周折事儿办成了,感受也会大打折扣。

记者在采访中也看到,不少地区已建立了"阳光服务""微笑服务"模式。

"进门空调是开的,茶是热的,工作人员脸是笑的,我们办事心情也舒畅了。"湖南长沙企业主刘铁锟在长沙岳麓区政务服务中心工商窗口的服务评价仪上为工作人员"点了个赞"。

在这里,窗口人员统一着工装、挂工牌上岗、微笑服务。中心大厅休息座椅、饮水机、擦鞋机、充电器、便民箱、轮椅拐杖等服务设施一应俱全。每个窗口都摆放着一个服务评价器,群众既可以给工作人员服务态度"差评",也可以"点赞",群众评价直接与绩效考核挂钩。如今,评价器每天要收到群众点赞近百次。

政府施政要义,在于以敬民之心行简政之道。干部群众说,只有不断提升百姓的"获得感",简政放权改革才能真正取得实效。

简政放权不能一放了之

简政放权两年来,本届政府削减三分之一行政审批项目的目标已完成,市场活力大大激发,政府行政效能也得以提升。但是改革实践中也存在一些问题:一些地方、部门简单地认为,简政放权就是"一放了之",后续监管和服务没有跟上,减弱了简政放权的实际效果。

记者在多地调研发现,一些地方、部门一放了之,导致权力下放了监管没跟上,权力下移了下面没接住,出现监管"真空";一些地方片面追求取消下放审批数量,出现法律支撑不足以及统筹协调不够等问题;有的部门将管理难度大、责任重的事项下放给不具备监管能力的基层单位,造成基层难以应对……

造成这种现象的主要原因是,长期以来,一些行政机构的工作思维就是依靠审批实现管理,"谁审批谁监管"。现在随着权力的下放,就有人解读为不审批就不用监管,任由权力"自由落体";一些部门和地方执政水平有待提高,对于如何创新事中事后监管,优化服务,没有好的办法。

当务之急是加强市场监管,为各类市场主体营造公平竞争的发展

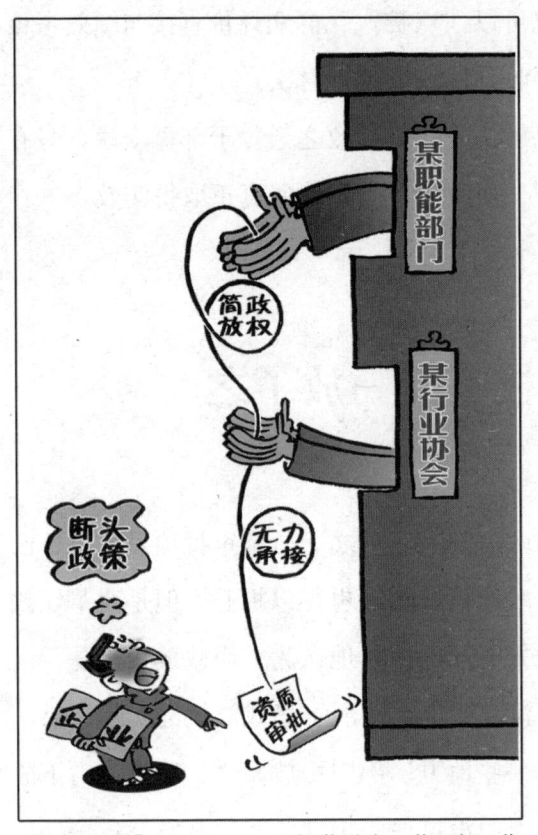

"一放了之"　　新华社发　蒋跃新　作

环境。商事制度等改革之后,新的市场主体大批涌现,如果监管跟不上,"劣币驱逐良币"的扭曲效应会放大,严重制约诚实守信经营者和新的市场主体发展。

简政放权是"一场自我革命",其根本是政府职能转变。"放"不是一放了之,而是放活、放好、放到位;"管"不是无所不包,而是管权、管责、管制度。"放"和"管"就像两个轮子,只有两个轮子都做圆了,车才能跑起来。

在大量减少审批后,政府要更多转为事中事后监管,切实把市场管住、管好。这是政府管理方式的重大转变,难度更大、要求更高。各级政府及其工作人员要积极适应这一转变,切实履行好管理职责,要明确"放"与"管"的边界,创新加强事中事后监管,实现责任和权力同步下放、放活和监管同步到位。

要转变监管理念,强化法治、公平、责任意识,坚持依法监管。监管要与社会信用体系相衔接,建立健全诚信档案、失信联合惩戒和黑名单制度，促使市场主体自觉守法，营造公平经营环境。

此外，简政放权、放管结合、优化服务是一个系统工程，需要统筹安排、整体推进。唯有如此，行政审批制度改革才能蹄疾步稳，各项改革发展任务才能落到实处。

延伸阅读

万丈高楼从哪儿起？
——由建筑业透视行政审批权压缩空间

"万丈高楼从平地起？"不，对于建筑业内人士来说，是从行政审批起。曾有人披露建筑"行政审批长征图"，吐槽其流程之复杂、时日之漫长。

简政放权吹来了新风。淡化工程建设企业资质，加快推进电子招标投标，取消"雷评"等行政审批中介服务……在确保规划合理、质量过关的前提下，审批手续的简化让建筑业"轻装上阵"。

然而，清除多年积弊很难一蹴而就。记者近日走访京沪苏陕鄂湘工地发现，这个行业现存的一些问题，从一个侧面折射了行政审批仍然可以压缩的空间。

动道墙花4个月，能不能速度快点？

"从拿地、立项、设计方案，到审批和整体设计，我们这个项目还没施工，就要至少和消防、规划、交通、环保、交警、绿化等6个部门打交道；专项评审做了9个，分别是结构、交通评价、卫生防疫、防雷、防汛、节能、玻璃幕墙、深基坑。"一家房地产开发公司前期开发部主管告诉记者,一些评估要到科委评审,需要排队,一个评审等上两个星期都是正常的。

简政放权以来,建筑业审批速度明显加快,但从拿地、拿规划许可证、再拿到施工许可证,不少项目仍需两年以上才能正式开工。而在土地出让合同却要求,土地出让一年内必须开工。

"企业只能延期。"上述主管说,延期还不能说是政府审批没过,一般都是用"资金没到位、方案设计没完成"打马虎眼,再让招商部门去"敲敲边鼓",最后相关部门才会盖章。

而在不少地方的建筑审批流程中,即使前期顺利通过了,后期要做变更,哪怕只是动一道墙,也要把前期所有手续再跑一遍。

一家房地产公司的副总经理告诉记者,他们一层楼中有一面隔墙要挪一点地方,以满足入住商户的美观需求,电梯的位置也会跟着移一点,"结果和环保、市容、交通、交警、商委好多部门征询意见,最后把征询单全部给规划部门,花了4个月。公司两任老总因为拖了时间,被总公司开掉。"

"这个变动对科学规划和建筑安全毫无影响,却仍要走这样复杂的手续。"他说,为了赶工期,有的企业只能打擦边球,先把墙按照原来的图纸砌起来,等到验收通过、商户入驻装修时再砸掉。"这是多大的浪费啊?"

审批标准不一,企业何去何从?

多位建筑公司负责人都说,建筑项目涉及部门多、环节杂,部门间文件"打架"时有发生，企业面对各种新规应接不暇、无所适从。

有时，"新政策不认旧批文"：新政策层出不穷，有时按原政策方案都批完了，一有新政策又得重新"翻烧饼"。

一位建筑业副总经理说，自己的方案2014年7月已经批复，电力开关站设在地下，但电力部门后来出台新规定，要求仅有地下一层的用户电力开关站不得建于地下。"要求我们重新调整，否则就不给我们供电，我们只好把这个200平方米的站往上翻，并承担所有损失。"

有时，部门打架靠企业"斡旋"：当两个部门间需要提供的审批材料不一时，只能企业来兜底。

一家房地产开发公司相关负责人说，他买了一整块干净的地，没有水坑、水塘。可到水务部门做专项评估时，地形图上显示有3000平方米的水塘，应该是政府卖地之前已经填掉了。水务部门就不同意评估，要求企业再找一个大小一样的水塘填掉，补做一个移水补水证明。

"我去哪里找这样的水塘？再说这不是浪费吗？"该负责人说，最后他只能和镇政府协调，出具证明，表示镇里面的一条河河道拓宽时，把水塘合并进去了，拿到水务部门才通过。

有时，政府出错企业"买单"：有时审批部门自己出了错，也要企业来承担。

一位建筑业副总经理说，他有个项目，规划部门的道路红线和水务部门提供的河道蓝线不能完全对上，方案就一直通不过。为了通过方案，企业只能自己去花6万元，找设计院重新做了修补，再一个部门、一个部门去跑。

"资料都是政府部门提供的，为啥让我们出钱？"他说，实在解决不了时，企业就去给政府部门写承诺书，承诺风险自负，有时一个项目要写十几个承诺书。

企业期盼三大简政原则

不少建筑业内人士认为，建筑审批的简政放权不仅是简化环节，更是一种审批理念的转变。审批部门应更加合理地设计审批流程，更加科学地为企业和百姓服务。

——前期招标环节：指标规定越详细越好。

在土地出让合同中，将交通部门的道口、防汛部门的标准、环保部门的环境要求等分指标、分项目所有需要约定的地方，全部详细纳入，在招标环节企业就可以根据自身情况决定是否应标。

"香港的土地出让合同一般都是厚厚一本书，而我们的合同就几页纸，无论体量大小一律一刀切，要求一年开工、两年竣工，这本身就不合理。"一位业内人士表示，如果前期能将所有指标规定详细，后期的专项评审就可以前移。

——中期施工环节：变更手续越简化越好。

可以定好几条红线，容积率、框架结构、限高、建筑密度、用电量等大指标不容任何调整，其他小项的调整和手续能尽量减少。在验收环节把控质量，不改变原则性指标，中期施工放权给企业灵活调整。

——后期验收环节：验收周期越集中越好。

一位建筑公司相关负责人介绍，现在建筑验收仍然是一家一家来，人防、环保、卫生、交通、交警、雷击、档案、绿化，每家需要提供的材料都不一样,谁提出一点毛病,企业就要重新整改一遍。一个中大型商业项目验收至少要花4个月,大量浪费人力物力。"能否一天或一个星期内,所有部门现场验收并出具整改方案,企业统一整改?"

4 | 如何稳步推进国有企业改革?
——聚焦国企十项改革试点

国企改革进入"深水区",应该如何突围?十项改革试点,试什么?谁来试?怎么试?国务院国资委、国家发改委、人社部有关负责人接受了记者采访,解析了试点计划。

国企十项改革试点落实计划首度披露
2016年深化国企改革将抓好"九项重点任务"

国务院国资委、国家发改委、人社部2016年2月25日联合召开发布会对外披露，经国务院国有企业改革领导小组研究决定开展国企改革"十项改革试点"，2016年深化国有企业改革将抓好"九项重点任务"。

据国务院国资委副主任张喜武介绍，目前已有诚通集团和国新公司两家中央企业确定为国有资本运营公司试点企业，后续将根据各项改革特点在央企及地方国企中选择试点企业，试点工作将待试点企业选定及相关条件成熟后陆续展开。

张喜武说，2016年深化国有企业改革将抓好"九项重点任务"：一是尽快完善"1+N"文件体系，基本完成国企改革顶层设计；二是深入推进"十项改革试点"，在国有企业改革重点难点问题上尽快形成突破；三是以管资本

> **国企改革"十项改革试点"包括：**
> 一、落实董事会职权试点；二、市场化选聘经营管理者试点；三、推行职业经理人制度试点；四、企业薪酬分配差异化改革试点；五、国有资本投资、运营公司试点；六、中央企业兼并重组试点；七、部分重要领域混合所有制改革试点；八、混合所有制企业员工持股试点；九、国有企业信息公开工作试点；十、剥离企业办社会职能和解决历史遗留问题试点。

落实计划　　　　　　　　　　　新华社发　朱慧卿　作

为主推进国资监管机构职能转变，建立国有资产出资人监管权力清单和责任清单；四是分类推进国有企业改革，对中央企业实行分类考核、分类监管；五是加大公司制股份制改革力度，在中央企业集团和子公司两个层面大力推行公司制；六是推进董事会建设，使绝大多数的中央企业建立起规范董事会，完善公司法人治理结构；七是推动中央企业重组调整，压缩管理层级和法人层级，优化国有企业结构布局；八是强化国有资产监督，加强和改进外派监事会工作，防止国有资产流失；九是坚持党对国有企业的领导，在改革中同步推进国有企业党建工作。

　　过去的2015年，国有企业顶层设计取得重大进展。2015年9月，《关于深化国有企业改革的指导意见》正式发布，11个专项改革意见或方案相继出台，以指导意见为引领、以若干文件为配套形成的"1+N"国企改革政策体系基本形成。

三部委详解十项改革试点：
试什么？谁来试？怎么试？

国有企业"十项改革试点"落实计划2016年2月25日首度对外披露。国务院国资委、国家发改委、人社部有关负责人25日接受记者采访，解析了试点计划。

【落实董事会职权试点】

【试什么】国资委将向试点企业董事会授予中长期发展战略规划、高级管理人员选聘、业绩考核、薪酬管理、工资总额备案制管理和重大财务事项管理等6项职权,通过试点有效调动董事会积极性,促进董事会作用的发挥。

【谁来试】国资委将在原有试点基础上扩大试点范围,再选择3至5户核心业务处于竞争领域、董事会运作规范有效的企业进行试点。地方国资委可自行确定试点企业数量。

【怎么试】试点工作预计2016年下半年启动。目前,有关方面正在研究制订相关文件,试点企业将按照相关要求制订实施方案。

【市场化选聘经营管理者试点】

【试什么】落实董事会在经理层成员选聘、业绩考核、薪酬分配等方面职权;界定国资监管机构、企业董事会、企业党组织在经营管理者选聘和管理工作中的职责等。

【谁来试】试点工作将在各级履行出资人职责机构直接监管的国有独资、控股的一级企业进行,国资委和各省市将分别选择3至5户企业进行试点。

【怎么试】采取公开遴选、竞聘上岗、人才中介机构推荐等市场化方式,遴选、吸纳一批确有真功夫、市场充分认可的优秀人才到国有企业干事创业。

【推行职业经理人制度试点】

【试什么】在市场化选聘经营管理者试点基础上，探索推行职业经理人制度。

【谁来试】从市场化选聘经营管理者试点的单位中，优先选择2至3户主业处于充分竞争领域的商业类企业试点，同时鼓励中央企业选择部分条件成熟的二三级公司开展试点。

【怎么试】对职业经理人，主要考核经营业绩指标完成情况，实行市场化薪酬，聘任关系终止后，一并解除劳动合同，自然回到人才市场，体现"市场化来、市场化去"的原则。

【企业薪酬分配差异化改革试点】

【试什么】完善国有企业负责人薪酬分类管理制度，建立健全职业经理人薪酬管理制度。

【谁来试】选择处于竞争性行业或领域、已实行或正在试点职业经理人制度的中央企业开展试点，每类企业选择2至3家，数量控制在4至6家，试点人员为市场化选聘和管理的职业经理人。

【怎么试】对市场化选聘的职业经理人实行市场化薪酬分配机制，建立科学合理的业绩考核评价体系。到2020年左右，全面形成与国有企业负责人选任方式相匹配、与企业功能性质相适应的负责人薪酬管理办法和业绩考核评价办法。

【国有资本投资、运营公司试点】

【试什么】试国资委与企业的关系,探索完善的国有资产监管方式;试国有资本如何开展专业化运营,探索有效的国有资本投资运营模式;试国有资本投资运营公司内部如何改革,探索市场化的企业经营机制。

【谁来试】国资委将选择3至5户企业开展国有资本投资公司试点,推进诚通集团、国新公司改组为国有资本运营公司。

【怎么试】国有资本投资公司通过开展投资融资、产业培育和资本整合等,投资和发展国民经济的重要行业、关键领域、战略性新兴产业和优势支柱性产业;国有资本运营公司通过股权运作、价值管理、有序进退等方式,投资、持有和运营国有股权。

【中央企业兼并重组试点】

【试什么】探索中央企业重组整合的路径选择和具体模式;探索企业重组后,实施业务整合、消除同质化竞争、实现提质增效的有效做法等。

【谁来试】国资委将坚持成熟一户、推进一户,兼并重组的力度不减,工作量要加大,成果要体现。

【怎么试】根据国家战略需要,探索在中央企业之间集中优势资源,实施专业化重组、组建股份制公司的有效做法,减少重复投资和同质化发展。

【部分重要领域混合所有制改革试点】

【试什么】在电力、石油、天然气、铁路、民航、电信、军工等领域开展混合所有制改革试点，通过引入非国有资本多元化投资，形成有利于参与市场竞争的治理结构和运行机制。

【谁来试】目前试点遴选工作仍在进行，2016年上半年将确定首批试点企业。

【怎么试】2016年下半年正式启动试点。试点中引资规模要达到一定比例，要引入负责任的积极股东，要依照公司法严格落实混合所有制企业董事会职权。

【混合所有制企业员工持股试点】

【试什么】试点主要探索在什么样的企业实行员工持股，以什么样的方式实行员工持股，员工怎样转股退股等，确保员工持股公开透明，防止利益输送。

【谁来试】2016年计划在中央企业层面选择10户子企业，指导各省市分别选择10户企业开展试点。中央一级企业暂不开展员工持股试点。持股员工应是在关键岗位工作并对公司经营业绩和持续发展有直接或较大影响的科研人员、经营管理人员和业务骨干。

【怎么试】相关文件印发后，将正式启动首批试点。试点将从企业类型、出资入股方式、定价机制、动态调整机制、股权管理方式、持股方式等不同角度探索员工持股的有效模式。

【国有企业信息公开工作试点】

【试什么】促进企业完善公司治理结构，规范企业管理，健全国资监管体系，打造"阳光国企"，防止国有资产流失。

【谁来试】在中央企业中选取部分与社会公众生产生活密切相关的行业企业作为试点，同时在省级国资委中选择1至2个省的省级企业进行试点。

【怎么试】2016年计划在中央企业围绕董事会信息披露、财务信息公开等方面开展试点，指导地方国资委选择若干重点企业试点。国资委将建设统一的国有企业信息公开平台，为中央企业信息公开提供支持，为社会公众查阅信息提供服务。

【剥离企业办社会职能和解决历史遗留问题试点】

【试什么】目前，国有企业仍存在大量办社会职能和历史遗留问题。只有彻底解决这些问题，国有企业才能轻装上阵、建立市场化的优胜劣汰机制、公平参与市场竞争。

【谁来试、怎么试】计划选择2至3户中央企业整体推进所办教育机构深化改革试点，选择2至3个城市开展国有企业退休人员社会化管理试点。

八问国企改革：董事会能否告别"有形无神"？

国有企业"十项改革试点"落实计划2016年2月25日首度对外披露。在"1＋N"文件体系基本形成、改革依然面临诸多难点的背景下，试点被寄予为全局性改革试经验、趟路子的厚望。人们关注的是：通过试点，国企董事会能否逐渐告别"有形无神"？国企薪酬怎么定？哪些国企员工可以持股？……

【董事会"有形无神"？试点将落实管人管事管薪资】

"有形无神"！尽管已有85家央企建立规范董事会，但这依然是外界对于国企董事会的评价。一个重要原因在于董事会职权没有得到真正落实。

"管人""管事""管薪资"，即将开展的试点中，企业董事会将获得这些职权。根据计划，国资委将选择试点企业开展落实董事会职权试点，授予长期发展战略规划、高级管理人员选聘、业绩考核、薪酬管理、工资总额备案制管理和重大财务事项管理等6项职权。

记者注意到，在国资委前期开展的试点中，已有一些企业获得"选人权"和"管事权"，比如，新兴际华、中国节能等央企实现由董事会选聘总经理或副总经理，江西等一些地方国资委也已开展企业"自主拓展、自主决策、自主经营"等授权改革试点。

【国资监管机构怎么改？或逐步变身"股东"】

管得太多太细，是一段时间以来各方对于国资监管机构诟病最为集中之处。

此番试点一项重要目标是探索国资监管机构与企业的关系，试点计划提出，国资监管机构依法履行出资人职责，主要从战略规划、公司治理、收益回报等方面履行股东职责，而企业将在规划投资、产权管理、业绩考核、薪酬管理、选人用人等方面获得更多自主决策权。

从透露信息看，随着试点开展，国资监管机构将朝着"股东"方向变身，其与国企的关系，将逐步趋近股东与公司。为此，国资监管部门将做重大调整，国资委正在研究制定内部组织机构设置和职能调整方案，将对现有工作机构大刀阔斧地进行调整。

【薪酬怎么定？用人"三轨制"高薪配高风险】

未来，在国企工作，有的人将能拿到市场化的高薪，但与之对应，也将承担"干得不好就走人"的风险。

根据试点计划，国企领导人员用人将采取"三轨制"：组织任命的企业负责人、市场化选聘的经营管理者和职业经理人，对于组织任命的企业负责人实行严格薪酬限制，市场化选聘的经营管理者实现上限调控，而市场化选聘的职业经理人将实行市场化薪酬分配机制。

高薪对应高风险。据国资委有关人士介绍，对于职业经理人主要考核经营业绩指标完成情况，实行市场化薪酬，聘任关系终止后，一并解除劳动合同，自然回到人才市场，充分体现"市场化来、市场化去"的原则。

【国资如何布局？瞄准"命脉"和"民生"】

改组组建国有资本投资、运营公司是完善国有资产管理体制、以管资本为主加强国资监管的一项重要任务，同时肩负优化国有资本布局的重责。

根据试点计划，国有资本投资公司将以服务国家战略、提升产业竞争力为主要目标，通过开展投资融资、产业培育和资本整合等，投资和发展国民经济的重要行业、关键领域、战略性新兴产业和优势支柱性产业。

据观察人士分析，在此轮试点中，国有资本将向"命脉"和"民生"领域集中，国防安全、信息安全、网络安全、粮食安全等"命脉"领域，养老产业、扶贫开发、环境产业等"民生"领域将是国有资本流动瞄准的重要方向。

【谁能持股？员工干得好可持股】

在关键岗位工作且干得好的员工有望持股，分享企业发展红利。备受关注的混合所有制企业员工持股，将在此番试点中实现突破。

国资委有关人士明确表示，将优先支持科技型企业开展员工持股试点，持股员工应符合：在关键岗位工作并对公司经营业绩和持续发展有直接或较大影响的科研人员、经营管理人员和业务骨干。

不过,有关方面对试点范围进行严格规定:中央一级企业、金融、文化等国有企业暂不参与本次试点。试点计划并明确,党中央、国务院和地方党委、政府及其部门、机构任命的国有企业领导人员不得持股,外部董事、监事(含职工代表监事)不参与员工持股。

【国企不透明怎么办?信息公开平台将能查负责人薪酬】

想了解国企负责人薪酬?登录国企信息公开平台即能查询,这样的信息平台,已经提上改革试点议事日程。

根据国有企业信息公开试点计划,国资委将建设统一的国有企业信息公开平台,规范披露国有资本整体运营和监管、国企公司治理以及管理架构、经营情况、财务状况、关联交易、企业负责人薪酬等信息,为社会公众查阅信息提供便利。

落实计划　　　　　　新华社发　朱慧卿　作

【央企重组有何妙招？推"铁塔"模式减少重复建设】

推进中央企业兼并重组，对于解决国有资本布局结构不合理、资源配置效率不高、同质化发展等问题，意义重大。此番试点计划提出要探索中央企业重组整合的有效模式，同时探索企业重组后，实施业务整合、消除同质化竞争、实现提质增效的有效做法。

记者注意到，中央企业在前期兼并重组实践中已初步探索出以铁塔公司为代表的共享竞合模式、以国家电投为代表的产业链纵向联合模式、以中国中车为代表的产业链横向联合模式，其中，铁塔模式在国资系统备受推崇，有望在接下来多个领域企业改革中重点呈现。

由三大电信运营商在2014年7月出资成立的中国铁塔公司，成功实现通信行业资源共享、减少重复建设、提升效率效益，2015年承接三家电信企业建设需求达58.4万个，节约行业投资近500亿元。

【哪些领域试点混改？垄断领域向民资开放：宜改则改】

此番计划明确，将推动电力、石油、天然气、铁路、民航、电信、军工等垄断领域混合所有制改革试点，并指出通过引入非国有资本的多元化投资，形成有利于参与市场竞争的治理结构和运行机制。

不过，从有关方面透露信息看，这些领域混改将坚持宜改则改、稳妥推进，步子不会太大太急。

据记者了解，试点中将对引资规模以及股东提出一定要求，目前试点遴选工作仍在进行，具体试点企业尚未选定。

部分国有企业改革进展

随着以《关于深化国有企业改革的指导意见》为引领、若干文件为配套的"1＋N"文件体系基本形成,一些国有企业在董事会选聘经营管理层、推进授权试点等诸多领域展开探索,一批重大举措落地迈出实质性步伐。

【新兴际华实现董事会选聘总经理】

作为"四项改革"首批试点央企,新兴际华集团在央企中率先实现董事会选聘总经理。集团公司董事会组织了整个选聘过程,其中,董事长、党委书记担任领导小组组长;首席外部董事作为选聘领导小组副组长、考察组组长,具体组织选聘。

不仅如此,新兴际华通过《总经理聘用合同书》实现总经理"身份市场化",其中明确相关权责,使总经理真正成为生产经营的第一责任人,规定总经理考核没有完成年度生产经营利润目标,或者业绩考核在C级以下,有权解除合同,且解除聘用合同后只保留普通员工身份,"岗变薪变、易岗易薪"。

值得注意的是,按照党管干部原则,国资委党委、新兴际华党委和相关企业党委在选聘中,从不同角度重点把关。新兴际华党委在选聘中"管原则、管标准、管程序、管纪律",方案条款由党委起草,且先通过集团公司党委会审议;国资委党委则从优秀经营管理"人才池"中选取 7 名人选，推荐给新兴际华董事会，集团公司党委、纪委参与 2 名差额人选的考察。

【国投公司将 70 个事项授权所属企业自主决策】

同为试点企业的国投公司，则在授权试点改革方面取得突破。总部通过派出专职股权董事，以公司治理履行出资人职责，行使股东权利，清晰界定总部与子公司的职责界限。除董事长、党委书记、纪委书记和股权董事外，其他授权董事会选聘；除必须保留的股东权利、有外部监管要求的事项，其他事项放权或授权子公司自主决策。

2015 年，国投选择所属国投电力进行试点，按照"能放则放、应放全放"的原则，将人力资源管理、薪酬激励、部分融资管理等依法应由企业自主经营决策的事项归位于国投电力；将投资、部分产权管理和重大事项决策等部分出资人权利，授权国投电力董事会行使；将延伸到三级及以下控股投资企业的管理事项，原则上交由国投电力依法依规决策。通过授权改革，将 70 个事项授权国投电力自主决策。

此外，国投推进总部职能优化改革。按照"重心下沉、激发活力、重组整合、重塑职能"的思路，坚持"小总部、大产业"原则，全面梳理总部职能，清晰界定总部、子公司的权责界限，建立与管资本相匹配的集团总部管理架构。

【中国铁塔实践"共享竞合"一年节约投资近 500 亿元】

由三大运营商在 2014 年 7 月出资成立的中国铁塔公司，在成立之后便确定了快速形成新建能力、完成存量资产注入和收购、择机上市并实现混合所有制的"三步走"战略。经过一年多的努力，已完成存量资产注入交接，初步形成了以"共享竞合"为核心的铁塔模式，实现资本合作，深化资源共享，优化行业竞争格局。

过去的 2015 年，公司全面承接新建铁塔及相关附属设施，全年承接三家电信企业建设需求 58.4 万个，交付约 48.5 万个，新建铁塔共享率迅速提升到 75%，少建铁塔站址 26.5 万个，节约行业投资近 500 亿元、维护费用近 40 亿元，减少土地占用 13000 亩。

此外，中国铁塔还通过市场化方式收购三家电信企业存量铁塔资产，并同步引入新股东中国国新，实现国有资产的有效增值，目前，中国移动持有 38% 股份、中国联通持有 28.1% 股份、中国电信持有 27.9% 股份、中国国新持有 6% 股份。

延伸阅读

24家央企上市公司高层薪酬比2014年减少1700万元

——国企薪酬改革调查

近期公布的上市公司年报透露了部分央企高管2015年的"工资单"。"新华视点"记者统计发现,包括中国石油、中国石化、中国铝业、中国神华、中国远洋、中国国航等在内的24家央企上市公司,其董事、监事、高管等企业高层的2015年薪酬总额为2.23亿元,较2014年减少了1700万元。

在中央提出对国企领导人员薪酬分配进行改革的要求下,央企上市公司的实践透露哪些新趋势?

总体突出与业绩挂钩,但仍有企业利润降高层薪酬不降

截至2016年4月13日,沪深交易所已有能源业、制造业、交通运输业、基建业等领域的24家央企上市公司披露了董事、监事、高管的薪酬。

一部分央企上市公司领导被降薪的原因，是因为其同时兼任了集团领导。如中国神华等公司表示，在集团兼职的高管，薪酬发放按《中央管理企业负责人薪酬制度改革方案》执行。据悉，按照规定，由组织行政任命的企业领导，在上市公司的取酬大幅下降。

除此以外，大部分上市公司高层降薪的原因是落实改革要求，将薪酬与业绩挂钩。因此，中国石油、中国石化、中海油服、中国神华、鞍钢股份等经济下行压力相对较大的重化工企业，其领导人员普遍降薪。

尽管薪酬总额下降，但24家央企上市公司中仍有12家公司的薪酬总额增加，近半数公司总经理薪水上涨。这意味着，央企薪酬差异化和结构性变化的特征在明显增强。

记者了解到，受到业绩挂钩的影响，2015年效益较好的发电企业、航空企业由于业绩普遍向好，都上调了高层人员的薪水。华能国际、华银电力、华电国际、桂冠电力、三大航空公司等上市公司，不仅高层整体薪酬上涨，大部分一把手的薪酬也上涨，其中几家电力上市公司总经理涨薪幅度达30%—40%。

不过值得关注的是，有些企业虽然业绩下滑，但高管薪酬却在上涨。如中国远洋、中海集运和一汽轿车这三家公司，2015年净利润分别下滑21.83%、377.88%和64.75%，高层管理人员薪酬总额却分别较2014年上涨47%、88%和7%。其中，2015年以来一直运营压力较大、主营业务亏损的海运行业两大巨头——中国远洋、中海集运，其总经理年薪均达150万元左右。

国企高管薪酬改革实践呈三大趋势

2014年与2015年,中央相继发布《中央管理企业负责人薪酬制度改革方案》《关于深化国有企业改革的指导意见》。记者了解到,中央提出对国企领导人员实行与经营业绩相挂钩的薪酬分配后,目前国企薪酬改革实践呈现以下几个趋势。

——上市公司不再是央企集团领导的"取款机"。此前,部分央企集团领导在上市公司拿高薪、获补贴"较为随意"。自2015年中央有关文件精神落实后,有的国企一级企业领导改从集团拿工资,并被严格考核,收入大幅减少。

从2015年起,根据中央有关文件,在中国东方电气集团有限公司控股的上市公司东方电气,兼任董事、监事的7名集团领导不再从上市公司取酬,而改由从集团领取工资。

——高管薪酬将"先考核,后兑现"。在近期披露的央企上市公司年报中,因考核尚未确定,不少高管此前年度的绩效工资被延后发放。中煤能源称,当期绩效薪金发放比例仅为70%;一汽轿车则明确规定,执行的年薪制包括基础年薪和绩效年薪两个部分,每月只发放基础年薪,绩效年薪依据公司的经营业绩、绩效考核、履职情况等指标确定。

云南铜业是典型案例。由于有色金属行业不景气,作为中国铝业公司系统内的一家上市公司,云南铜业的年报显示,总经理高贵超2015年薪仅为6万元。这被一些网民调侃"还不如一个送快递的"。记者从云南铜业控股股东云南铜业(集团)有限公司了解到,事实上,高贵超2015年9月才正式上任云南铜业总经理,这6万元是2015

年9月至12月的基础工资。他任云南铜业总经理期间的绩效考核奖金应发多少，到目前还没有算出，因此没有发放。

——薪酬考核公开并细化。此前，国企高管薪酬的考核环节一直较为"神秘"和粗放，但近期的年报透露，考核正趋向更公开、细化。

如中石化、大唐集团均表示制定了具体考核办法。大唐集团控股的桂冠电力透露，确定领导人员的报酬要依据10多个考核指标，包括利润总额、经济增加值、发电量、平均电价、电热费回周期和资产负债率等资产经营指标；设备完好率、非计划停运次数和发生责任事故等安全生产考核指标；党风廉政建设和依法治企等指标。

高管降薪会否导致层层降薪？

在对高管考核越来越严格甚至降薪的形势下，国企是否会出现层层降薪的情况？一线职工将受到哪些影响？优秀人才是否因薪酬限制而流失？

2015年以来，我国经济面临下行压力，一些大型央企也面临经营困难。中国神华的年报显示，该公司高层领导薪酬降幅达46%。2015年5月，中国神华公开表示，2015年会按全员工资总额的10%下调职工的薪酬总额，但这一薪酬下降的额度远低于高管。

多家央企上市公司表示，要在薪酬政策上向一线职工倾斜。中煤能源表示，要求各单位在结构调整上下功夫，通过管理人员多降工资，一线职工少降或不降工资，在实现薪酬整体下降的同时，保证职工队伍基本稳定；中国西电表示，要对生产、营销、科研等一线岗位实行工资倾斜政策；中国国航表示，2015年调整了乘务、地面人员薪酬福利标准，进一步体现向低收入群体倾斜，加大对基层、一线岗位人员的工资激励水平，增加乘务人员浮动工资收入。

在向一线职工保障倾斜、防止出现收入分配差距过大的同时，一些完全市场竞争的国企，在用人和薪酬机制上还存在需要克服的障碍。

"目前，国企改革的一个痛点仍是激励机制不明确，内部活力不够，人才流失问题突出。"上海张江高科总经理葛培健说。

东航集团党委书记马须伦说，必须将市场化选聘的人员与现有的国企干部，从管理制度上真正区分开来，才能吸引优秀和专业的人才。

中央在国企改革十项试点中，已提出国有企业用人"三轨制"的改革思路。中国企业研究院首席研究员李锦说，要力争通过3至5年，使绝大部分国企按照职业经理人制度选聘人才，用市场化考核制定相应的合理薪酬。

5 | 怎样绘就我们五彩缤纷的城市？
——聚焦中央关于城市规划建设管理的新提法

道路越来越宽，为什么出趟门越来越累？商圈越来越多，为什么逛个街越来越难？我们的城市是不是"生病了"？2016年2月出台的《中共中央 国务院关于进一步加强城市规划建设管理工作的若干意见》为中国城市准确把脉后，列出了下一阶段城市发展的"时间表"。

时隔37年中央部署城市未来发展"路线图"

《中共中央 国务院关于进一步加强城市规划建设管理工作的若干意见》于2016年2月印发，这是时隔37年重启的中央城市工作会议的配套文件，勾画了"十三五"乃至更长时间中国城市发展的"路线图"。

历经37年改革开放，我国城市发展也进入转折时期。城市规划建设管理中的一些突出问题亟须治理解决，如城市规划前瞻性、严肃性、强制性和公开性不够；城市建筑贪大、媚洋、求怪等乱象丛生，特色缺失，文化传承堪忧；城市建设盲目追求规模扩张"摊大饼"；违法建设、大拆大建问题突出；环境污染、交通拥堵等"城市病"加重等。

规划、建设、管理是城市发展的核心环节。《若干意见》约八千字，由九部分组成。

《若干意见》部署了一个个破解城市发展难题的"实招"——

加强城市总体规划和土地利用总体规划的衔接，推进两图合一；原则上不再建设封闭住宅小区；树立"窄马路、密路网"的城市道路布局理念；实现中心城区公交站点

> **城市规划建设管理的总体目标是什么？**
> 实现城市有序建设、适度开发、高效运行，努力打造和谐宜居、富有活力、各具特色的现代化城市，让人民生活更美好。

500米内全覆盖；打造方便快捷生活圈、城市公园原则上要免费向居民开放等……

《若干意见》还明确了一系列城市发展的"时间表"——

海绵城市　　　　　　　新华社发　徐骏　作

如用5年左右时间，全面清查并处理建成区违法建设，完成所有城市历史文化街区划定和历史建筑确定工作等；到2020年，基本完成现有的城镇棚户区、城中村和危房改造，力争将垃圾回收利用率提高到35%以上等；力争用10年左右时间，使装配式建筑占新建建筑的比例达到30%……

住房和城乡建设部部长陈政高说，《若干意见》是住房城乡建设部会同29个部门在深入调研和认真总结经验基础上起草而成，明确了城市规划建设管理工作的指导思想、基本原则、总体目标和重点任务，是当前和今后一个时期指导城市规划建设管理、促进城市持续健康发展的纲领性文件。

打造品质城市：我国提出城市发展"时间表"

道路越来越宽，为什么出趟门越来越累？商圈越来越多，为什么逛个街越来越难？我们的城市是不是"生病了"？

2016年2月出台的《中共中央 国务院关于进一步加强城市规划建设管理工作的若干意见》为中国城市准确把脉后，列出了下一阶段城市发展的"时间表"。

未来5年到10年，我们的城市建筑将更美观，公共服务将更便利，居住环境将更优美……作为新时代的城市人，这么多美好的画面，细细想来，内心不由得还有些小激动呢！

5年左右查清并处理违建、完成历史文化街区划定

现代社会一定是法治社会，要依法制规，依法执规。无论是个人还是政府企事业单位，依法是前提保障。

文件提出要严格依法执行规划，严控各类开发区和城市新区设立。凡不符合城镇体系规划、城市总体规划和土地利用总体规划进行建设的，一律按违法处理。"用5年左右时间，全面清查并处理建成区违法建设，坚决遏制新增违法建设。"

保护历史文化风貌是城市记忆的延续。"用5年左右时间，完成所有城市历史文化街区划定和历史建筑确定工作。"正如文件所强调的、过去的建筑和街区是浓缩的历史信息,体现时代特征。在城市中游走,就是要置身于历史之中。

"搭积木式"造房子、流水线上"生产"房子,能减少建筑垃圾和扬尘污染的装配式建筑将在未来中国得到推广。文件提出加大政策支持力度,"力争用10年左右时间,使装配式建筑占新建建筑的比例达到30%。"

到2020年基本完成棚改、公共交通分担率大幅提升

安居才能乐业。文件提出了未来城镇住房改革的两大方向,以政府为主保障困难群体基本住房需求,以市场为主满足居民多层次住房需求。

打好棚户区改造三年攻坚战,"到2020年,基本完成现有的城镇棚户区、城中村和危房改造。"

优化街区路网结构。"到2020年,城市建成区平均路网密度提高到8公里/平方公里,道路面积率达到15%。"——如果路网密度能达到每平方公里8公里,意味着道路间距在250米左右。可以想象,未来的路网道路不会很宽,但会很密,这样道路利用率提高,街道可以有更丰富的店面,小伙伴们再也不用担心找不到逛街的地方了,走路也不觉得累。

中国城市规划设计研究院副院长杨保军说,道路面积率是道路面积占整个城市的比率。目前我国这一指标在12%左右。文件提出了更高的指标,充分考虑了机动车增长和将来出行的需要,未来道路面积更多、城市生活更丰富。

优先发展公共交通。文件提出以提高公共交通分担率为突破口，缓解城市交通压力。要统筹公共汽车、轻轨、地铁等多种类型公共交通协调发展，"到2020年，超大、特大城市公共交通分担率达到40％以上，大城市达到30％以上，中小城市达到20％以上。"这意味着未来我国城市公共交通体系还将迎来飞跃发展，百姓出行将更加便捷。

到2020年更多城市使用再生水、超三成多垃圾能回收利用

城市资源有限，需要打造良好的循环系统让废弃物"统统归位再利用"。

文件提出，推进污水大气治理。"到2020年，地级以上城市建成区力争实现污水全收集、全处理，缺水城市再生水利用率达到20％以上"。

加强垃圾综合治理。"到2020年，力争将垃圾回收利用率提高到35％以上""力争用5年左右时间，基本建立餐厨废弃物和建筑垃圾回收和再生利用体系。"专家表示，通过反复论证，这些指标都是可以实现的。

城市宜居的环境离不开智慧管理。文件提出，"到2020年，中国将建成一批特色鲜明的智慧城市。"运用大数据、物联网、云计算管理城市，高科技将让城市生活更加精彩。

总之，照着"时间表"动起来吧，未来我们的城市会更优化、更有特色，生活会更美好！

2020，绘就我们五彩缤纷的城市
——聚焦中央关于城市规划建设管理的新提法

谁持彩练当空舞，赤橙黄绿青蓝紫。2016年2月21日播发的《中共中央 国务院关于进一步加强城市规划建设管理工作的若干意见》，面向2020年，为我们绘就一幅五彩缤纷未来城市的美丽画卷。

蓝图有刚性：一张蓝图干到底

"一任书记一座城，一个区长一个新区"——有多少城市规划被"翻烧饼"，规划完成之日便是落后之时；规划执行难，"纸上画画，墙上挂挂"……

新华社评论

规划是城市之本，规划一旦出了问题，损失不可估量。不少城市正在品尝"造城运动""圈地运动"带来的死城、鬼城苦果。我国现有法定规划有80多种，"一张蓝图干到底"需要构建"顶层设计"，一茬接一茬干下去，营造出一座座更有内涵有品质个性的城市。

"城市规划在城市发展中起着战略引领和刚性控制的重要作用。"针对城市规划存在的问题，文件明确了城市规划定位，提出"刚性"要求：

制定规划要依法——城市总体规划由

本级政府编制、社会公众参与、同级人大常委会审议、上级政府审批。

一张蓝图干到底——把以人为本、尊重自然、传承历史、绿色低碳等理念融入城市规划全过程，增强规划的前瞻性、严肃性和连续性。

"打架"规划要整合——加强城市总体规划和土地利用总体规划的衔接，推进两图合一。在有条件的城市探索城市规划管理和国土资源管理部门合一。

严格依法执行规划——凡是违反规划的行为都要严肃追究责任。城市总体规划的修改，必须经原审批机关同意，并报同级人大常委会审议通过，从制度上防止随意修改规划等现象。

规划督察全覆盖——全面推行城市规划委员会制度。健全国家城乡规划督察员制度，实现规划督察全覆盖。

红色高压线：告别"无边界的城市"

城市"摊大饼"，消耗掉的是耕地，绝大部分是肥沃良田。坚守耕地和基本农田红线，给城市划定开发边界，是城市规划建设管理的前提。

文件提出，"加强空间开发管制，划定城市开发边界，根据资源禀赋和环境承载能力，引导调控城市规模。""把保护基本农田放在优先地位，保证

新华社评论

城镇周边耕地，大多是世代耕种养护形成的高产田。这些"宝田"被钢筋水泥一圈一圈吃掉，后果永远无法弥补。贯彻最严格节约集约用地制度，终结城市经济过于依赖高耗能、高耗地发展模式，就要给城市扩张戴上"紧箍咒"。

"好大喜功" 　　　　　　　　　　　　新华社发　蒋跃新　作

生态用地，合理安排建设用地，推动城市集约发展。""严控各类开发区和城市新区设立，凡不符合城镇体系规划、城市总体规划和土地利用总体规划进行建设的，一律按违法处理。"

国土资源、住建、农业等部门已达成共识，从控制发展规模500万人口以上大城市周边开始，保证耕地数量，把耕地质量放在首位，占优补优、占水田补水田，"倒逼"城市内涵式发展。

绿色生活：让每个城市细胞都渗透绿意

文件提出建筑八字方针"适用、经济、绿色、美观"。"大力推广装配式建筑""积极稳妥推广钢结构建筑""在具备条件的地方，倡导发展现代木结构建筑"。

更多应用绿色技术。推广建筑节能技术，提高节能标准，根据不同地区气候特点，应用地源热泵、水源热泵、太阳能发电等新能源技术，发展绿色节能建筑。

路网建设，设定公共交通分担率，鼓励绿色出行，减少不必要的尾气排放。公共服务设施的规划，让大家可以看得见绿地，亲近绿地。

推进海绵城市建设和污水大气治理。以中水洁厕为突破口，不断提高污水利用率，鼓励按市场化方式经营中水。

> **新华社评论**
>
> 绿色是未来发展的核心理念。我们的城市，从城市到街区，从房前到屋顶都应当是绿色的。绿色理念、绿色材料、绿色建造、绿色生活方式，将改变提高我们城市的品格。

黄牌来提醒：保障城市运行在良性轨道上

一座城市的发展，犹如一部大型精密仪器在高速运转，千头万绪，如果缺少一套有效的监督机制、及时的纠错机制，随时提醒城市发展中的冲动、盲目，就很难保障这座城市走在良性发展轨道上。

城市建设管理，离不开方方面面的监管。文件提出，加强规划实施的社会监督，利用卫星遥感监测等多种手段共同监督规划实施，加强建筑安全监管，加强城市安全监管，提高环境监管能力……文件布下了一张张立体化监管

> **新华社评论**
>
> 城市发展需要裁判员敢于亮"黄牌"。文件中多处可见督察、监测、预警等字眼，这是城市管理理念转变的体现，尤其强调对城市管理者问责——裁判员也必须接受仲裁，乱作为、无所作为都将被摘牌。

的网络,对花样百出的违法行为亮出"黄牌"。

这种"黄牌"警告机制不仅涉及城市硬件,更涉及城市管理体制的"软件"。一系列"老大难"问题已被"点名":城市建筑贪大、崇洋、求怪等乱象丛生,违法建设、大拆大建问题突出,环境污染、交通拥堵等"城市病"蔓延加重等等。

黑名单要管:问责、获罪、入刑、收监

从野蛮施工、拖欠工人工资,到发生质量安全责任事故,从施工企业到政府部门责任人,都有可能被列入城市管理问题的"黑名单",可能面临信用差评及无法参与投标等严厉惩戒乃至入刑问罪。

比黄牌警告更严厉的"黑名单",将成为城市治理的重要工具。

文件提出,"研究推动城乡规划法与刑法衔接,严厉惩处规划建设管理违法行为,强化法律责任追究,提高违法违规成本""加强建筑市场监管,严厉查处转包和违法分包等行为,推进建筑市场诚信体系建设""实施工程全生命周期风险管理""深化京津冀、长三角、珠三角等区域大气污染联防联控,健全重污染天气监测预警体系。提高环境监管能力,加大执法力度,严厉打击各类环境违法行为"……

新华社评论

近年来,住建、环保等部门经常发布城市环境污染等各种"黑名单"。空气最差城市、最堵城市……"黑名单"成为城市管理的重要推动力量。特别是规划法等行政法与刑法衔接,有望解决官员"为公违法"难以入刑的问题。

延伸阅读

"小城市病"：亟待关注的城镇化"短板"
——专访南京大学城市科学研究院副院长胡小武

说到"城市病"，许多人的第一反应是：那是大城市才有的问题。很少人会想到小城市也有"城市病"，而且还呈现出小城市特有的情况，甚至有些小城市病得比大城市还重。

近期，记者专访了在国内较早全面研究和阐述"小城市病"概念的专家——南京大学城市科学研究院副院长胡小武，请他深入解析"小城市病"，并为众多小城市"把脉开方"。

"小城市病"是一种什么病？

记者：小城市为什么这么重要？

胡小武：按照最新的划分标准，我国有1800多个小城市，占中国县城以上规模城市总量比例的85%以上。可以说，小城市在新型城镇化进程中的发展质量高低，是决定中国城镇化发展顺利与否的根本性问题。

记者：文化上的现象也是"小城市病"给人的直观感受？

胡小武：是的。"小城市病"最直观的一个病征，是文化方面没有生气。中国较高层次的文化资源，几乎全部分布在以北京、上海、广州等大都市为主的中心城市。即使在沿海发达地区的小城市，其城市公共文化场所与高层次文化场所资源也都普遍缺乏。绝大多数小城市没有自己的市立单体美术馆建筑和两所以上的免费博物馆，画廊更是鲜见，有格调的咖啡馆、时尚文艺空间也是稀缺产品。城市发展如果缺乏文化品格是不可持续的，这已被当今发达国家的事实证明。庸俗生活方式逐渐弱化了小城市文化活力，又阻滞了新的文化生活方式的生成。

"小城市病"病根在人

记者：小城市文化无生气的原因是什么？

胡小武：说到底是人的问题。这是一种恶性循环。小城市的文化生活环境越差，越难以吸引高水准人才。这种文化环境归根到底受限于文化资源的分配——高等教育资源与高层次知识人才缺失，导致小城市整体知识水平低层次化。在国外，很多世界名校都藏身小城小镇。然而，我国地级市中只有几个城市拥有"211大学"。其他240多个地级市只有为数不多的高教资源。而超过1600多个县级小城市没有高等教育机构。

记者：引进人才或鼓励人才回流能否缓解"人才荒漠化"？

胡小武：很难。有很多年轻人回到小城市感觉各种不适应，很重要的一点就是他们发现小城市做事情比大城市更要拼关系。熟人社会

> **专家观点**
>
> "小城市病"主要指城区常住人口少于50万规模的城市出现的人口流失、经济增长乏力、资源枯竭、就业艰难、人才逃离、文化荒芜、发展动力欠缺等问题。这些小城市的问题集中体现为一种"庸堕化"现象,即精神生活庸俗化、社会交往"强关系化"、经济增长模式僵化、创新资源衰竭化。概括起来,可以称之为"小城市病"的"庸堕化"现象。
>
> ——南京大学城市科学研究院副院长 胡小武

在小城市的社会交往中更容易形成一种"强关系化"趋势。因为资源稀缺,需要依赖关系进行分配,创新创业很难在小城市开展。

记者:"小城市病"的产生是否与产业落后有关?

胡小武:的确如此,小城市产业发展落后主要表现在产业结构单一,导致经济活力日趋弱化。大多数人口在50万以下的小城市,其城市形成之初大多依赖少数大型工业企业或厂矿型企业,农业直接进城人口占比较高,一半以上的人口依托少数几个企业或行业就业。因此,大量小城市都存在就业门类较少、就业机会紧张、静态失业率较高、人口外流明显的现象。

记者:这种经济、人口、社会结构失调有何影响?

胡小武:一旦小城市建设和管理跟不上迅速增长的需求,就会导致城市基础设施供给滞后于城市人口增长,从而引发一系列矛盾。比如,近年来一些小城市沦为人少房多的"鬼城",小城市房地产虚假繁荣呈现扩大化趋势。

记者:"小城市病"恶化的结果是什么?

胡小武：在城镇化发展的关键阶段，如果任由"小城市病"恶化下去，就有可能让小城市落入"小城市发展陷阱"，就像我们常说的"中等收入陷阱"。"小城市发展陷阱"就是小城市因被边缘化而凋敝，从而拖累大城市陷入更深的"城市病"。

治疗"小城市病"亟须转变发展理念

记者："小城市病"该怎么治？

胡小武：总体上来看，一些陈旧的发展观念应该摈弃，比如盲目地招商引资，盲目地在城建项目中大干快上，盲目地在发展中贪大求全。

首先，城市发展渠道从招商引资转变为招才引智。从向大企业招商到向大学招才，这是修复小城市人才构成的一个选项。比如，江苏靖江市引入常州大学怀德学院，建成江苏长江北岸的第一家县级大学，8000多名师生为当地带来化工、金属材料、机械制造等专业的人才，与当地产业特色高度契合。更直观的效果是学校还没开学，周边的小商铺、餐厅甚至咖啡馆都已经聚集起来，使当地服务业蓬勃发展。

再者，城市发展方式从扩大增量转变为优化存量。中央城市工作会议提出要建设和谐宜居、富有活力、各具特色的现代化城市。特色将是未来每一个城市安身立命的基础，没有特色的城市就没有竞争力。而特色需要从城市既有的存量上去挖掘，去找到城市有竞争力的一面。做好这些工作，是要为发展"止损"，通过治标为"小城市病"的治本赢得空间和时间。

此外，城市发展取向从搬迁移植转变为交流合作。以往小城市都希望把大城市的项目和资源直接移植到本地，但许多并不成功。如果采取交流合作的方式对接城市产学研的高端资源，不强求生产中心、研发中心、人才基地落户，而更加看重交流合作带来的带动效应，或许能减少搬迁移植的风险。比如，有些小城市就通过对接高端科研院所，在本地设立研究机构，实现研发人员的交流往来，带动小城市相关领域的研究和相关人员的思维生活方式、文化需求的转变。

记者：如何才能根治"小城市病"？

胡小武：要根治"小城市病"不是朝夕之功。希望国家能够把部分产学研的节点和终端放在小城市，通过与大城市的频繁互动和交流，带动小城市合理分工布局。应当考虑出台政策，鼓励小城市本地资源的优化升级，嫁接外部资源，以我为主对外合作而不是单纯招商引资。通过互利双赢的合作带来小城市产业、人文环境的量变，假以时日再寻求发展上的质变。这恐怕是小城市必须正视的一条发展道路。

6 | 怎样筑牢城市的"里子"?
——聚焦城市地下综合管廊建设

修管道马路动辄"开膛破肚"、空中电线密布成了"蜘蛛网"——这些影响城市景观的现象将得到治理。住房城乡建设部副部长陆克华2015年7月31日对外宣布,我国将全面启动地下综合管廊建设,这一工程有望写入"十三五"规划,到2020年力争建成一批具有国际先进水平的地下综合管廊。

2020年我国将建成一批国际水准地下综合管廊

修管道马路动辄"开膛破肚"、空中电线密布成了"蜘蛛网"——这些影响城市景观的现象将得到治理。住房城乡建设部副部长陆克华2015年7月31日对外宣布，我国将全面启动地下综合管廊建设，这一工程有望写入"十三五"规划，到2020年力争建成一批具有国际先进水平的地下综合管廊。

城市地下综合管廊，形象地说，就是将现在直埋在地下的各种市政管线统一安放到一个共同的"房子"里，维修和管护转入地下，管线得到更安全的保护。

2015年7月国务院常务会议明确指出，推进城市地下综合管廊建设，不仅可以逐步消除"马路拉链"、"空中蜘蛛网"等问题，用好地下空间资源，提高城市综合承载能力，满足民生之需，还能带动有效投资、增加公共产品供给，提升新型城镇化发展质量，打造经济发展新动力。

根据部署，从2015年起，我国城市新区、各类园区、成片开发区域的新建道路要同步建设地下综合管廊；老城区要结合

城市地下综合管廊，是指在城市地下用于集中敷设电力、通信、广播电视、给水、排水、热力、燃气等市政管线的公共隧道，是城市基础设施的重要组成部分。

携手并进　　　　　新华社发　商海春　作

项目改造,合理安排地下综合管廊建设,从而逐步提高城市道路配建地下综合管廊的比例,全面推动地下综合管廊建设。

地下综合管廊建设面广、投资量大,陆克华介绍,将创新融资模式,鼓励由企业投资建设和运营管理地下综合管廊。地下综合管廊实行有偿使用,入廊管线单位须向地下综合管廊建设运营单位缴纳入廊费和日常维护费,目前定价收费的指导意见正在抓紧研究制定中。

铺设地下管线综合管廊是综合利用地下空间的一种手段和开端。2015年,住建部和财政部确定了在沈阳、哈尔滨等10个城市试点,计划3年内建设地下综合管廊389公里,2015年将开工190公里,总投资351亿元。其中,中央政府投资102亿元,地方政府投入56亿元,拉动社会投资约193亿元。

筑牢城市"里子" 地下综合管廊　　开启中国"地下管线革命"

如果说表面的光鲜亮丽映射出城市的风貌,埋于地下的基础设施的水平则反映一个城市的"良心"。

在我国加快推进新型城镇化的大背景下，本周，国务院常务会议宣布在我国全面开建城市地下综合管廊建设，以筑牢城市"里子"的方式开启中国的"地下管线革命"，并将对城市发展、经济增长、百姓生活等诸多方面产生深远而积极的影响。

更安全稳定的城市"生命线"

地下综合管廊建设将改变过去城市建设"重地上，轻地下"的局面，标志着中国城市建设发展方式的转变。

"一场暴雨，城市变成大海"，"反复开挖马路拉链何时休"……近年来，大雨内涝、管线破裂、路面塌陷、燃气渗漏爆炸等事故拷问城市安全。有市长说，地下管线积重难返的问题，使他们犹如坐在随时可能喷发的活火山上，整日提心吊胆。

目前，我国七大类近 30 种市政管线分属不同部门管理，国家层面没有一个准确的管线综合图或数据库。不同单位施工各自为政，难免出现管线"打架"、道路反复开挖问题。

"地下综合管

表里如一　　　　　　　　新华社发　徐骏　作

廊把所有管线集中在地下廊体里，日常巡检维护等都通过出入井在地下完成，解决了'马路拉链'问题，并能抵御管道侵蚀和抗震减灾，管线运行更安全稳定。"住房城乡建设部副部长陆克华说。

据了解，按给水、热力、燃气、电力、电信、雨水、污水等七大类管线全部入廊考虑，修建地下综合管廊比直埋方式的一次建设成本增加约4000万至5000万元/公里。

"我们算的是百年账。"参与综合管廊建设的中冶京诚工程技术有限公司市政部副总经理李跃飞说，从全寿命周期看，二者成本差不多。但管廊效益更凸显，减少水管线损毁、节约土地空间、减少开挖和事故对交通的影响、减震抗灾……

据不完全统计，全国每年因施工而引发的管线事故所造成的直接经济损失达50亿元，间接经济损失达400亿元。如昆明彩云路综合管廊全长22公里，供水管线入廊后管道漏失率由实际的25%降为0，每年可节水700万方，节省水费2100万元。

可拉动上万亿元投资的稳增长"大礼包"

建设地下综合管廊，把各类市政管线统一转入立体、集约的地下公共隧道，将带来庞大的基础设施投资。

据专家测算，地下综合管廊建设分为廊体和管线两部分，每公里廊体投资大约8000万元，入廊管线大约4000万元，总造价每公里1.2亿元。按目前的城镇化速度，未来三到五年，预计每年可产生约1万亿元的投资。

如此高的投资，意味着继棚户区改造、高铁、水利之后，综合管廊将成为我国一个新的基础设施投资重点领域。2015年政府工作报告明确提出，要增加公共产品有效投资，启动实施城市地下管网等民生项目，更大激发民间投资活力。

当前钢材、水泥、管材等建材价格低，建设成本低，还能消化过剩产能，正是难得的时机。

面对经济增速放缓，地下综合管廊成为各地看好的拉动经济增长工程。住建部统计，2015年全国共有69个城市启动地下综合管廊建设项目约1000公里，总投资约880亿元。

进入7月，吉林省率先与住建部签约在全省层面开展城市综合管廊建设试点，计划2015至2018年期间完成1000公里地下综合管廊，总投资1000亿元。住建部透露，辽宁、广东、河南等省也正积极推行全省试点。

综合管廊改变了过去政府单独投资市政工程方式，让企业成为建设和运营主体。

"以前企业没机会投资，如今政府引入PPP模式，还配套收费机制确保企业合理稳定收益，让企业投资有了信心。"中建地下空间

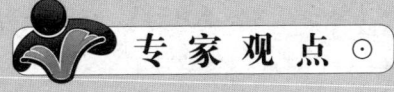
专家观点

管廊建设涉及工程建设、建筑材料、机械设备等不同行业，间接带动钢材、水泥、机械设备等投资，以及大量人力投入，对经济产生更大拉动作用。

——江苏省苏州市地下管线研究所所长　王香冶

有限公司总经理薛国州说，2020年中国城镇化水平将达到60%，目前国内地下综合管廊建设刚刚起步，未来投资空间非常大。

畅想"无井盖"的城市新生活

作为城市设在地下的"主动脉"，地下综合管廊的逐步推广也将会影响到每个城市居民的日常生活。

"马路上随处可见的各种井盖会大幅减少，如果全部管线入廊，新建马路将没有井盖，不会因道路开挖阻断交通，城市开车出行更加舒适平整。"薛国州说。

建设地下综合管廊，意味着城市居民的各项市政公共服务更有保障。

各种管线多了一层廊体"防护罩"，各种能源传送有可视化的红外线、摄像仪、报警仪等监控，出现问题可及时修复，困扰居民的断电、断水、断网等现象会随之大幅减少。

——上海市政工程设计研究总院副总工程师 王恒栋

建设地下综合管廊，意味着城市高压线"蜘蛛网"将消失，城市会更加美观。如日本近一半的高压线"蜘蛛网"已转入地下管廊。

"空中高压走廊消失了，还能为城市释放出更多土地资源，并带动沿线土地升值。"李跃飞说。据测算，综合管廊与直埋占用道路地下空间比为1∶4；架空线入地平均每公里可节省用地75亩。

地下管廊建设期间会不会影响居民生活？陆克华说，所有管廊建设要么借着道路开发，要么结合棚户区改造和地铁施工，要么配套老城改造，都是和其他工程同步推进。同时，各地要对地下空间科学规划，城市建设将面临更多机遇。

相比现在各单位自掏腰包挖坑埋线的投入方式，综合管廊好比地下"高速公路"，入廊管线单位将交纳适当的入廊费和日常维护费。

陆克华透露，具体收费水平将统筹考虑建设和运营、成本和收益的关系，引导规范供需双方协商确定收费水平。对于公众担心市政服务收费涨价，专家表示，管廊的全寿命周期很长，由于收费和补偿机制综合考虑了入廊管线单位的投入成本，不会因此增加居民的生活成本。

地下综合管廊：未来城市的"主动脉"

地上高楼林立、车水马龙，地下钢筋混凝土的隧道内，各种管线林立、纵横交错。这些管线向城市的每个角落源源不断输送着水电热等能源，这里既是城市的"主动脉"，也是"生命线"。

地下综合管廊，又称共同沟，是指为电信、电力、燃气、供水等各类公用类管线盖一个共同的"房子"，位于地下约3米处，这个"房子"一般小可通人，大可通车。

地下综合管廊一般分为干线、支线、缆线管廊，干线主要建在城市道路中央下方，是"主动脉"，支线、缆线主要建在道路两旁的人行道下，是"毛细血管"，整体构成一个系统的地下管网系统，覆盖

"主动脉" 　　新华社发　朱慧卿　作

城市每一个角落。

虽然地下综合管廊在国内还是个新鲜词，但在一些西方发达国家已经有超过百年的历史。法国大文豪雨果的《悲惨世界》里，就有对巴黎地下错综复杂的下水道系统详细描述。

世界上最早的综合廊道出现在巴黎，始建于 1883 年，是以排放雨水和污水为主的重力流管线系统，管网纵横，排污口、蓄水池众多。后来，通过在管网内部铺设供水管、煤气管、通信电缆、光缆等，进一步提高了管网的利用效能。

1893 年，德国汉堡开始在街道两侧人行道下建设综合管廊，收容煤气管和自来水管。20 世纪 50 年代，德国每个城市都通过立法，对地下管道建设进行管理，成立公共工程部，负责系统的规划、建设与监管。

日本是目前世界上共同沟建设最先进的国家之一，1926 年关东大地震之后，日本政府针对地震导致的管线大面积破坏，从防灾角度在东京都复兴计划中规划建设综合管廊。

1958 年，北京建设了全国第一条地下综合管廊。21 世纪初，北京、上海、广州等城市结合重点建设探索建设地下综合管廊，北京中关村西区建设了1.9公里，昆明市结合新建道路建设了33公里，广州大学城建设了17.4公里，上海世博会园区建设了6.4公里，珠海市横琴新区建设了33.4公里等。

> **域 外 经 验**
>
> 从国际经验来看，一个城市完善的地下综合管廊还有很多用武之地，包括垃圾的真空传输也可以在地下完成，例如日本在管廊中留一个空间，从这里把垃圾自动送到垃圾处理厂。地下管廊甚至可以作为一个地下物流系统，比如将蔬菜通过地下管廊从郊区运往市中心，在一线城市可以大幅降低物流成本。

从"高层建筑世纪"到"地下空间世纪"

国务院常务会议就推进城市地下综合管廊建设作出部署，这是针对长期存在的城市地下基础设施落后的突出问题，从国情出发，借鉴国际经验推出的国家重点民生工程，是创新城市基础设施建设的重要举措。

国际地质学界认为，19世纪是桥的世纪，20世纪是高层建筑的世纪，21世纪则是开发利用地下空间的世纪。因此，城市地下综合管廊建设不仅是消除"马路拉链""空中蜘蛛网"，还应当置于地下空间资源开发、提高城市综合承载能力的层面考量。

物权入地:权属明晰才能依法开发

为满足城市发展需要,以各种方式开发利用城市立体空间,是各国普遍趋势。近年来,我国经济发达城市受交通压力影响,城市地下空间利用问题尤其突出。据不完全统计,截至2012年,我国有不少于14座城市开通了地铁。预计到2020年,北京市将建成9000万平方米地下空间。而与此对应的是,目前针对城市地下空间利用的法律规定零散,不成体系。明确新设的空间使用权与已设立使用权之间衔接,使物权法的原则更具操作性,不动产登记必须"地上地下"统一。

法律保障主要是指地下空间权的确定问题。地下空间权作为一种有别于房地产权的物权,按照物权法定的原则,必须依法设定。地下空间权的确立属于一般民事法律规范范畴。

地下空间立法是一个系统工程。纵向来看,涉及地下空间规划立法、地下空间建设立法、地下空间管理立法;横向来看,涉及地下空间使用权有偿出让立法、地下工程产权的取得、转让、租赁、抵押立法等。

为适应形势需要,地下空间立法要坚持急用先立,解决当前较突出的地下空间权取得、登记问题。在地下空间立法方面,要以地下空间权的取得、登记为突破口,先对这些内容进行规范。事有先后,依法用地,在此基础上才能完善地下综合管廊有关技术标准和技术规范。

多规合一:一个城市只有一个地下空间

2015年以来,国家发展改革委、国土资源部、环保部、住建部启动的市县"多规合一"试点工作加快推进。"多规合一"就是解决规划自成体系、内容冲突、缺乏衔接的问题,强化政府空间管控能力,实现国土空间集约高效、可持续利用。

从最早"三规合一"发展到目前"四规合一",关键是将环境纳入考量因素。"多规合一"理所当然包括地下空间环境规划。

同样属于国土资源环境,地下、地上空间分割,"重地上、轻地下",使城市地下管线,水、暖、气、电等都要有自己的"马路拉链",都想结自己的"空中蜘蛛网"。协调起来困难,统一入廊不易,在权属不明晰之外,最重要的原因就是缺少统一规划。按国务院要求,地下综合管廊要名副其实"综合"起来,既离不开权属明晰,更离不开统一规划。

> **新华社评论**
>
> 开发好地下空间"聚宝盆",离不开有关部门通力协作、密切配合。从用地审批、登记、出让、选址论证、地质环境评价到施工安全和工程质量,要各司其职、各负其责、协同规划。带有公共利益性质的地下空间利用如人防工程、市政基础设施、地铁,长输管网或电缆敷设,经营性地下空间开发的商业街、娱乐场所、收费停车场,要在"一个城市只有一个地下空间"观念下,统一规划,集约开发。

安全第一:不能给自己"挖坑"

目前上海市政管线总长度早已超过4万公里。北京市也已超过3万公里。城市地下空间开发利用,既涉及地下商场、地下娱乐场所、地下停车场、地下仓库、地铁、隧道、人防工程、高层建筑地基、地下管网的施工、运营，更涉及地下空间地质环境。庞大的地下空间生态环境和生产安全问题。

全面准确地掌握地下空间设施和地质地层信息，是提高地下空间安全防范能力的关键。从频繁发生的地铁施工塌方事故来看，掌握地下空间的地质状况，综合研究城市区域地壳稳定性，是提高城市地下空间开发、利用、建设、管护水平的紧迫任务。

> **新华社评论**
>
> 我们脚下的地下空间，同样受资源约束，同样有环境容量，很大程度上承载着地面上的繁华，人类绝不能"给自己挖坑"。

城市地下空间开发，要开展基础地质调查，重点查明区域地壳稳定性、区域地质灾害发育特征和区域地质环境现状，为城市地上、地下、年限三维规划提供牢固的地基依据。从京津冀城市群到长三角、珠三角，都要开展地质灾害调查评价，查明地裂缝、地面沉降、砂土液化、海水入侵和崩滑塌等主要灾害分布、成因和发育程度，对地质灾害易损性和风险性进行评估。同时也要开展地质资源环境调查，查明区域内资源地质环境现状。

突出重点、技术突破、激活市场
——解读国办《关于推进城市地下综合管廊建设的指导意见》

国务院办公厅关于推进城市地下综合管廊建设的指导意见2015年8月10日正式公布。意见提出适应新型城镇化和现代化城市建设的要求，把地下综合管廊建设作为履行政府职能、完善城市基础设施的重要内容，在继续做好试点的基础上，总结国内外先进经验，逐步提高城市道路配建地下综合管廊的比例，全面推动地下综合管廊建设。

专业人士认为，落实意见精神，突出重点、技术突破、激活市场，推动"城市地下综合管廊建设革命"时机已经成熟。中国城市规划设计研究院水务与工程院副院长谢映霞说，意见强调划定建设区域，从2015年起城市新区、各类园区、成片开发区域的新建道路要根据需求，同步建设地下综合管廊。现在看来，应当突出的重点是城市开发密度高的地区，交通运输特别繁忙的地段。在交通流量较大、地下管线密集的城市道路、轨道交通、地下综合体等地段，城市高强度开发区、重要公共空间、主要道路交叉口，道路宽度难以单独敷设多种管线的路段，要做好优先建设地下综合管廊的规划。无论城市开发密度高地区还是交通运输繁忙地段，作为市政工程，城市政府都要发挥主导作用，从城市地下空间开发的角度，统筹安排地下综合管廊建设。商业性地下空间开发，同地下管廊市政建设可以统筹考虑。如商业性地下空间的两侧或再往下层,很多可以开发为地下管廊。不同的城市要因地制宜,不搞一刀切。

目前我国城市地下管廊已突破 1000 公里,技术上已经突破,相关经验、人才储备可以大规模复制推广。在此过程中,也可以进一步推进技术和管理创新。中冶京诚工程技术有限公司副总经理李跃飞说,在一些新开发城区,一般是明挖工程。在一些人口密度高、交通运输量大的繁华老城区,可以进行洞挖。这对成本、技术、管理提出新要求。按意见要求,要推进地下综合管廊主体结构构件标准化,推广应用预制拼装技术,这样既可以提高工程质量和安全水平,又能有效带动工业构件生产、施工设备制造等相关产业发展。在运行方面,要提高智能化监控管理水平,确保管廊安全运行。在避免相互干扰基础上,综合利用,统筹考虑军用、民用、人防,同时前瞻性考虑公共设施与商业设施的综合开发,推动我国城市地下空间利用新格局。

意见提出,坚持政府主导,加大政策支持,发挥市场作用,吸引社会资本广泛参与。大岳咨询有限公司总经理金永祥说,政府主导,当务之急是建立新机制。中央政策明确,地方政策要跟进。社会资本对参与城市地下管廊建设热情非常高,需要的是地方性的制度设计和实施细则。要按部署统一"入廊",就涉及利益机制。过去每一摊都有自己的管线人马,统一"入廊"后怎么办?意见明确,要实行有偿使用原则,入廊管线单位应向地下综合管廊建设运营单位交纳入廊费和日常维护费。下一步,要考虑具体收费标准与建设运营,成本和收益的关系,地下综合管廊建设运营单位与入廊管线单位的市场化定价原则等。这是市场激活与否的关键,地方政府的规划主导,要与有关部门的政策引导高度协调。

7 | "电梯吃人",谁之过?
——聚焦电梯公共安全责任

面对电梯、扶梯支撑起的高楼广宇的都市生活,城市管理者需要拿出行之有效的安全防范措施,更需要拿出细致入微的责任心和监管作为。应对事关公共安全的拷问,厘清责任、严肃追责不容回避。生命既逝再难挽回,亡羊补牢为时未晚。解决问题,靠的是从严从实真抓实干。只有从荆州惨剧中真正汲取血的教训,抓好电梯安全,一丝不苟落实现有法规制度,才能避免类似惨剧一再上演。

"电梯吃人",谁之过
——湖北荆州电梯事故原因追踪

这是一起本有可能避免的事故,事发前5分钟工作人员已发现电梯盖板异常,但并未采取停梯检修等应急措施;制造单位生产的电梯曾多次出现事故……然而,这次电梯事故,最终使湖北荆州一名乘梯女士的生命戛然而止。

悲剧是如何发生的?是谁忽视安全留下这样的隐患?血的教训,带来哪些警示?

提前5分钟发现异常未采取措施　事故定性为"责任事故"

2015年7月26日是一个普通的周末。家住湖北省荆州市的张伟,与妻子向柳娟和将满3岁的儿子来到位于荆州市沙市区北京中路189号的安良百货商场。

商场的6楼有一个儿童游乐园,并有许多童装店。张伟的堂妹柯丽君转述,一家人在6楼逛了一会儿后,张伟夫妻商量,妻子带儿子到七楼"转一圈",而张伟在六楼自动扶梯口附近的一家童装店前等候。

"堂哥说,电梯看起来没有任何异样,没有警示标志,也没有人提醒说电梯出故障了。"柯丽君说。

未曾想,这竟是张伟夫妻的诀别。

记者获得的现场监控视频显示,向柳娟带着儿子乘自动扶梯上楼,在最上端,电梯与楼面之间的盖板在向女士踏上后,忽然出现翻转,向柳娟被卷入缝隙之中。危急时刻,她奋力将儿子托举出,孩子并未受伤。待营救人员赶到现场,她已无生命体征。

监控显示,7楼扶梯口处,站有两名工作人员,向女士乘梯过程中,又有一名工作人员到来。目前,暂不确定这几人是否知道电梯已出现问题,工作人员是否向她提示了盖板的问题。

向柳娟的叔叔柯庆杰认为,商场发现问题后没有及时关停电梯;而事故发生后,工作人员也没有及时按电梯开关,将电梯停下。"这说明商场里根本没有应急预案。"

湖北省荆州市安监局局长、事故调查组组长陈观鑫表示,本次事故发生在自动扶梯上机房处。上机房盖板一共由三块组成,靠近梯级的第一块为前沿板,后面有两块盖板。发生事故5分钟前,该商场工作人员发现盖板有松动翘起现象,但并未采取停梯检修等应急措施。发生事故时,当事人踏在已松动翘起的盖板最末端时盖板发生翻转,导致当事人坠入上机房驱动站内防护挡板与梯级回转部分的间隙内。

通过调查分析初步认定,此次事故属于安全生产责任事故。初步分析,事故发生的原因为前沿板与盖板之间连接松动,导致连接松动的原因有待进一步从结构、材料和使用维保等方面进行调查和分析。

——湖北省荆州市安监局局长、事故调查组组长　陈观鑫

3月"检验合格"7月发生事故　多重问题受到质疑

根据荆州市事故调查组通报,事故电梯出厂日期为2014年7月1日,并于2015年3月16日经湖北省特种设备检验检测研究院检测合格,然而在不到4个多月的时间,这部电动扶梯就发生机械伤害事故,"检验合格"是否准确?维护保养是否到位?诸多疑点待解。

记者27日看到,事故发生后商场仍正常对外营业,但1至7楼的自动扶梯均已停止运行,从5楼扶梯入口往上看,6楼通往7楼的事故区域已被蓝色卷闸门封闭,一些身着制服的人员正在检修电梯。

"这里的电梯好像经常出问题。"荆州市民贾女士说,她家就住在商场附近,几乎每周都会带孩子乘坐电梯上到商场6楼儿童游乐园玩耍,如今发生"电梯吃人"事故让她很担心。

业内人士告诉记者,每部电梯都必须由特种设备检验检测机构进行一年一次的安全检验,只有获得检验合格证才能合规运行,但特检机构、人员是根据检测时电梯运行状态做出合格与否的判断,因此,一次检测合格不代表未来一年内电梯都能连续安全运行。"这种严进宽出的发证方式,要求电梯维保部门后期加强维护保养工作,一旦保养检查不到位,没有发现潜在危险,必然导致事故发生。"这位业内人士说。

事实上,《特种设备安全监察条例》明确规定,电梯等为公众提供服务的特种设备运营使用单位,应当设置特种设备安全管理机构或者配备专职的安全管理人员,并将安全注意事项和警示标志置于易为乘客注意的显著位置。电梯应当至少每15日进行一次清洁、润滑、调整和检查。

记者注意到,在安良百货多层自动扶梯出入口,都只临时张贴了

"电梯故障,正在检修"字样的纸片,并无其他明显的安全注意事项和警示标志。多位商场内经营人员也透露,店铺与商场没有多大关系,营业员上岗并未进行电梯安全培训教育,也没有看到过专人在自动扶梯出入口处看守、管理。

电梯安全问题亟待关注　责任厘清尚待调查加速

近年来,随着身边越来越多电梯的出现,电梯事故也频频被曝出。就在27日,广西梧州市太阳广场也发生一起自动扶梯卡人事故,致一名幼童受伤;无锡市一家工厂一名年轻女子被卡在电梯平台缝隙中不幸身亡。

安全生产管理上有一条著名原理,叫做"海恩法则"。核心要义提醒人们:事故背后有征兆,征兆背后有苗头。专家指出,电梯设备从招标、采购、运行到监督管理,任何一个链条的疏漏,都可能埋下事故隐患。

从生产、质量环节来看,初步调查显示,湖北这起事故电梯制造单位为苏州申龙电梯股份有限公司。有业内人士指出,该公司生产的电梯此前已发生几次事故。据媒体公开报道,2015年6月湖南长沙"电梯故障女子从十九楼坠到负一楼"、2011年湖南浏阳市步行街一超市内4岁男童被手扶电梯卡住身亡等事件,事故电梯均是由该公司生产制造。

记者多次致电苏州申龙电梯股份有限公司官网显示的号码,但未有接听。陈观鑫表示,暂未确认电梯是否存在质量问题。目前,湖北省质监局发出通知,要求各地暂停使用该公司制造的自动扶梯,并督促电梯使用单位会同制造单位、维保单位进行一次全面自查。

对电梯的日常维护、保养缺失,有些流于形式。业内人士指出,现实的情况是相当一部分载人电梯没有按时更新维保记录。一些物业单位为节省费用,对电梯检查的时间相隔很久,甚至出了问题才请人来检查,逃检、漏检和滞后年检等现象存在,以致发生故障。

电梯超期服役等问题也带来巨大安全隐患。质检总局2014年曾对部分省份2523台使用15年以上老旧电梯进行抽查,发现7%的电梯存在较大隐患。

相关监管工作亟待加强。电梯运营过程涉及产权所有者、实际使用者、物业管理者等多个主体,每个环节责任都不容忽视。近年来,各地地铁项目、高层住宅、大型商场等,更对新的安全形势形成重大挑战。相关监管部门尤其要肩负起严格的督查职责尽职尽责。

记者了解到,针对此次电梯事故,荆州市政府已成立了由安监、质监、公安、监察、商务、工会等单位和部门组成的调查组,并邀请了湖北省、荆州市有关专家参加。

向柳娟亲属表示,在相关情况全面查清以及责任认定结果明确之

事故调查组将按照"四不放过"原则,即事故原因未查清不放过、事故责任人未受到处理不放过、事故责任人和相关人员没有受到教育不放过、切实可行的整改措施未落实不放过的原则,对电梯相关情况进行分析确认,切实做到公开公正。

——湖北省荆州市安监局局长、事故调查组组长 陈观鑫

前，暂不考虑协商赔偿等善后问题。

专家表示，人命大于天。在电梯日益普及的今天，必须加大电梯生产、运行、监管等各环节、链条的隐患排查，加强管理规范，切实负起责任，避免悲剧再次上演。

依法对电梯制造安装维修实施准入管理
——专访质检总局特种设备安全监察局相关部门负责人

近期各地频频发生电梯事故。2015年7月28日，记者就此采访了国家质检总局特种设备安全监察局相关部门负责人。

电梯事故多数因违规使用、维保不到位

据这位负责人介绍，随着我国城市化进程的加快，电梯数量每年以20%左右的速度增加，这一趋势仍将持续。

这位负责人表示，2003年以来，电梯事故每年的起数和伤亡人数均比较平稳，但由于电梯数量增长，因此电梯万台事故率和死亡人数等相关指标是下降的。据统计，去年全国共发生49起电梯事故，死亡37人。

根据对事故的分析，在死亡的37人中，18人是电梯作业人员和管理人员，其余是乘客。49起事故中，21起是违规使用造成，比如违规使用三角钥匙4起，死亡4人；电梯故障后，乘客应在轿厢里等待救援，但乘客违规扒开轿厢，9起事故死亡8人；由于设备本身造成的事故 8 起，多集中在制动器、扶梯驱动链条失效等。

这位负责人表示，日常保养十分重要，按照规定应每 15 天维护保养一次，但目前维护保养市场受低价竞争影响，服务质量低下。

电梯安全存四大隐患

这位负责人同时表示，虽然事故概率并不算大，但电梯发生故障的情况比较频繁。根据各地质检系统已建立的 96333 电梯应急处置平台信息，2015 年上半年建成运行的 11 个城市共覆盖了 53 万台在用电梯，处置故障 23000 多起，平均每天解救乘客 120 多人。

他分析，电梯的安全隐患主要有四个方面：

——老电梯制动器存在问题，2003 年，国家对制动器提出新标准，此前的制动器质量隐患较多。

——门驱系统问题，一些毛坯房在装修过程中装卸装修材料对门驱系统影响较大。

——平衡系数问题，一些宾馆、饭店里的电梯轿厢装修过度，如贴大理石等，破坏电梯的平衡关系。

——扶梯使用条件恶劣，如地铁、公交等场所扶梯使用量太大，有些扶梯大多数时候满载运行，使用强度比欧盟等高得多。

特别是，由于我国 2003 年以后新增加的电梯比较多，这些集中增加的电梯将集中老化。北、上、广等地老化电梯持续增多，届时安全风险会更大。

"令人头疼的是，老旧住宅电梯责任主体不明确，设备老化没钱修理。"他说。

加大排查力度　提高市场准入

2015年年初，质检总局部署了电梯安全监管大会战，对在用电梯进行排查，促使长效机制的建立。截至6月底，全国电梯使用和维护保养单位自查电梯共计236.9万台，发现存在隐患的电梯11.1万台。存在隐患的电梯中，已整改7.9万台。下一步是重点督查阶段，如果不能及时整改，将建立问题电梯档案，督促及时整改。对无法整改的由政府挂牌督办。

这位负责人说，质检部门将依法实施市场准入，对电梯制造、安装、维修等实施准入管理，目前正在修改相关许可规则。针对维护保养低价竞争的情况，质检总局提出构建公开透明的竞争环境，要求企业提高维护保养质量水平。电梯制造企业应向服务业发展，更多要为使用者提供安全正常使用的设备，保障后期服务。

他表示，质检部门将加快在全国推广建设电梯应急处置服务平台，一旦乘客困梯，在拨打物业、维保企业电话无果的情况下，可以拨打公共服务电话96333，由平台工作人员指挥就近的联合救援站实施救援。

同时，要提高电梯检验的科学性和有效性，电梯的使用维保单位的主体责任必须落实，光靠检验机构一年一次的定期检验不够。要优化法定检验，每年一次的检验对重点项目如制动器等关键环节强化，政府要加强抽查。

此外，他建议推广电梯责任保险制度，如果电梯故障导致人员伤害，保险公司将先行赔付，然后向责任方追偿。

电梯安全责任链条亟待"大修"

年轻妈妈向柳娟在湖北荆州"7·26"电梯事故中不幸离世,引起公众对电梯安全的高度关注。

近年来,电梯事故已成为经常发生的安全事故。在特种设备监管体系中,电梯因涉及乘客、物管、维保等多方因素,所处地位尤为特殊。

在现实运营中,电梯由于所有权、使用权、物业管理权、技术管理权(维修、维保、检验权)和具体使用者涉及多个主体,往往造成安全责任链条不明晰。一旦发生事故,围绕谁来赔付,物业、开发商及维保公司往往互相扯皮、推卸责任。

维保是确保电梯日常安全运行的重要一环。然而,当前电梯维护保养属于完全市场化竞争的行业,现行特种设备安全法又偏重于对电梯制造、维保单位进行事前资质管理,而对日常工作并没有考核机制,部分维保单位通过降低服务质量,从中获取不正当利益,导致"质次价低"的维保公司充斥市场,形成"劣胜优汰"效应。一些物业公司出于降低成本的考虑,倾向于选择价格更低的维保公司,对电梯维保缺乏监督动力。

对电梯进行定期检验是各地质监部门的法定职责。但如果电梯通过了年检却出现问题,地方质监部门就面临既当"裁判员"又当"运动员"的尴尬。政府监管"大包大揽"也造成电梯管理单位、使用单位没有压力和动力去承担电梯安全工作,产生"政府依赖症""年检依赖症"。特别是随着特种设备数量的快速增长,特种设备安全监察人员数量却明显不足,传统监管模式已渐渐走入"死胡同"。

来自质检总局官方网站的信息显示,截至2014年底,我国电梯总量已达360万台,并以每年20%左右的速度增长,电梯保有量、年产量、年增长量均为世界第一。但与此同时,我国的电梯由于维修、保养、零部件等环节存在的诸多问题,老化的时间也更快。

电梯公司通过对故障事故的总结发现,电梯故障存在"三高三低"现象,三高为:电梯关人故障率高、电梯能耗高和维持原有性能的成本高;而三低为运行效率低、备件及时供应率低和用户满意率低,而因此造成的故障呈逐年上升趋势。

实际上,由于原厂维保具有规模大、技术力量雄厚、信誉度高等特点,欧美发达国家原厂维保率非常高,美国高达80%,而我国原厂维保率仅占20%左右,生产厂商无法成为维保市场的主体力量。为了扭转这一局面,有关部门有必要将电梯维保工作纳入电梯制造单位售后服务范畴,构建以制造单位为主的维保体系。

针对政府监管职能错位问题,地方质监部门应在定期检验的基础上,建立监督抽检检验机制,工作重点从定检转向按比例实施的监督抽查,完成从"运动员"向"裁判员"的角色转变。以广州为例,广州市、区两级财政每年共安排1900万元专项抽查资金,重点安排监督抽查举报投诉较多、使用年限较长及公众聚集场所等电梯,覆盖电梯制造、维保、使用各个环节,对违法违规行为进行立案查处,并定期向社会通报。

电梯事故发生后,往往涉及人身伤害带来的大额经济赔偿。我国绝大部分电梯维保企业、物业管理企业均属小微企业,动辄百万元的经济赔偿很可能让企业破产。而受害者由于未能及时获得赔偿,延误治疗现象时有发生。作为垂直交通工具的电梯,可效仿机动车交强险,建立起电梯事故责任保险制度。在广东试点中,参保主体只需为每台电梯年投保 100 元,便可享受每台电梯累计 300 万元,每人累计 100 万元的保险保障。

> **新华社评论**
>
> 实际上,电梯监管改革涉及多方责任,在政府转变职能、简政放权的大背景下,电梯监管体制改革应充分发挥协会、企业、社会等多方力量。只有通过"多元共治",充分发挥市场力量,才能建立起有效的电梯安全监管体系。

电梯"吃人"拷问公共安全

荆州市安监局将 2015 年 7 月 27 日的荆州扶梯卷人事故定性为安全生产责任事故。面对这一惨剧,人们不禁追问,自动扶梯等生活设施本应予人便利,何以竟成噬人凶器?"吃人"的电梯拷问着公共安全维护能力。

近年来,因自动扶梯而引发的安全事故并不鲜见。上海、北京等地的地铁站,都出现过上行扶梯突然逆向下行的事故。在荆州惨剧发生后,北京朝阳区、广西梧州等地又先后出现幼童被扶梯"咬住"的报道。

诱发事故的原因可能有很多,但归根结底是责任心问题。审视荆

> | 法 | 律 | 法 | 规 |
>
> 电梯的维护保养应当由电梯制造单位或者依照本法取得许可的安装、改造、修理单位进行。
>
> 电梯的维护保养单位应当在维护保养中严格执行安全技术规范的要求,保证其维护保养的电梯的安全性能,并负责落实现场安全防护措施,保证施工安全。
>
> 电梯的维护保养单位应当对其维护保养的电梯的安全性能负责;接到故障通知后,应当立即赶赴现场,并采取必要的应急救援措施。
>
> ——《中华人民共和国特种设备安全法》第四十五条

州这起扶梯惨剧,在事故发生5分钟前,商场工作人员已发现电梯盖板有松动翘起现象。如果能及时关闭运行电源,如果能在扶梯入口安排专人值守或摆放安全警示标志,如果能利用商场广播等广而告之,如果能坚持扶梯的日常维护与巡检……惨剧或许就不会发生。

相关安全生产法规和制度落实不严也是重要原因。《中华人民共和国特种设备安全法》明确规定,电梯等为公众提供服务的特种设备的运营使用单位应当对特种设备使用的安全负责;特种设备出现故障或者发生异常情况时,特种设备使用单位应当对其进行全面检查,消除事故隐患,方可继续使用。负责特种设备安全监督管理的部门,应当对商场等公众聚集场所的特种设备实施重点安全监督检查。不知在湖北荆州安良百货商场,这些"应当"究竟落实了几分?

更令人遗憾的是,2015年5月中旬至6月上旬,国家质检总局对11个省区市展开"电梯安全监管大会战"的督查调研,湖北省位列其中。督查真正起到作用了么?这个追问也无法回避。

责任心与制度接连失守,会让无辜百姓惨遭不幸。事故发生后的几天中，有关自动扶梯避险的科普文章，在微信朋友圈等社交媒体广为传播，反映出公众对这一公共安全问题的焦虑。面对电梯、扶梯支撑起的高楼广宇的都市生活，城市管理者需要拿出行之有效的安全防范措施，更需要拿出细致入微的责任心和监管作为。

> **新华社评论**
>
> 生命既逝再难挽回，亡羊补牢为时未晚。解决问题，靠的是从严从实真抓实干。只有从荆州惨剧中真正汲取血的教训，抓好电梯安全，一丝不苟落实现有法规制度，才能避免类似惨剧一再上演。

应对事关公共安全的拷问，厘清责任、严肃追责不容回避。惨剧既已定性为安全生产责任事故，就要将责任一追到底、不留死角，逐一梳理电梯运行保养维护的全流程，严惩直接责任人。同时追根溯源，彻查事故背后安全生产监督监管职责疏漏，对可能涉及的失职渎职人员，应移交司法部门严肃处理。

"明星企业"检测合格的电梯为何会出事?
——湖北电梯"卷人"事故再追踪

湖北荆州电梯事故调查报告 2015 年 7 月 29 日发布,初步认定电梯制造商申龙电梯股份有限公司存在盖板结构设计不合理、3 块盖板尺寸与图纸不符、出厂产品零部件质量把关不严等问题,对此次事故应负主要责任。

然而,申龙电梯主要负责人接受"新华视点"记者采访时坚称:"涉事电梯通过国家相关检测,产品均严格按照图纸尺寸生产,目前未接到任何官方性结论报告。"

针对诸多疑问和公众关注焦点,记者再次展开追踪。

3 月曾被检验合格,检测项目不包括盖板

30 日上午,记者来到位于江苏吴江汾湖高新技术产业开发区的申龙电梯股份有限公司。公司总经理袁强表示,企业生产目前未受影响。

据袁强介绍,涉事的 FML08 型电梯于 2008 年开始生产,全国在用同型号电梯4648部，此次是该型号电梯首次出现类似问题。

那么申龙电梯是否存在设计缺陷及生产瑕疵？袁强未予正面回应，并称电梯行业属特种设备，安全运行牵涉到产品制造、组合运行、生产状况等多个环节，"故障电梯中，因维保导致的比例最高，占60%"。

据事故调查小组此前通报，2015年3月16日，事故电梯经湖北特种设备检验检测研究院检验的结论为"检验合格"。事故技术调查组专家、湖北省特种设备事故调查处理中心工程师徐义说，调查组了解到，对于盖板的设计问题及尺寸不符问题，3月16日的检测并未涉及，"检测的项目中没有包含盖板这一项"。

记者从一家特种设备监督检验技术研究院了解的信息显示，按照国家质检总局关于自动扶梯的检验规范，盖板的紧固度并没有列在检验项目中。

对此，全国电梯标准化技术委员会委员黄文和告诉记者，虽然国家对盖板没有明确的生产标准，但对电梯支撑构件的承载力，明确要求不得小于每平方米5000 N的强度。

长三角某大型电梯企业负责人说，当下不少电梯公司的盖板采用边框结构固定，就算没有螺丝也不会出现翘起现象。"问题可能出在设计上没有边框固定，或者支撑点承载力不够。"

存在缺陷的电梯为何能安装并投入使用？

袁强称："公司有多款型号电扶梯产品，均通过国家电梯检测中心型式试验并取得生产许可，包括此次荆州'7·26'安良百货电梯事故的中FML08型自动扶梯。"

根据我国《机电类特种设备制造许可规则（试行）》和《特种设备制造许可目录》，电梯作为特种设备，必须取得制造许可方可制造、销售。自动扶梯的制造许可方式为制造单位许可，程序为申请、受理、型式试验、制造条件评审、审查发证、公告。那么，通过了型式试验和相关检测，是否意味着电梯设计、生产就无隐患？

记者从多位业内人士那里获悉："型式试验相当于企业生产新型号电梯做的实物模型，只有通过试验才能进行规模化生产。"但型式试验只能说明企业具备生产这个型号的能力。

定期检验是质监部门的法定职责，每年一次，相当于汽车年检。同时，定期检验合格只能说明电梯没有出现大的结构性问题，而不少小问题都需要通过日常维保来解决。"电梯安全问题，三成是产品质量，三成是保养，三成是安装，最后一成是使用人的监督自觉。"一位电梯公司工程负责人说。

此外，事故调查报告称3块盖板尺寸与图纸不符。多位业内人士认为，盖板结构设计要充分考虑到人流冲击，踏板出现松动和翘起是因为盖板尺寸出现了问题。每个盖板的尺寸大小、抗压系数均有严格的设计规范，并有设计图纸为证。这样的踏板能够出厂，说明申龙电梯公司把关不严。同时，按照常规，安装公司发现盖板跟图纸不符合，应停止安装。可湖北德富机电设备有限公司没有这么做。

除上述疑问外，还有两个细节令人质疑。

第一，苏州市电梯业商会有关人士介绍，根据国家相关规定，电梯盖板内应装有安全保护装置，一旦梯级下陷到一定距离或者打开盖板，安全保护装置将被触发，电梯停止运行。申龙电梯股份有限公司总工程师张建忠称,事发时电梯盖板没有打开,未能触发感应装置。但一些业内人士却并不认同,认为涉事电梯要么没有安装安全保护装置,要么是装置失灵。

第二,此次事故发生在电梯的上机房处。专家认为,上机房盖板下的空间分两块,一块是马达传动装置,一块是工作人员的工作区域,两个工作空间还有隔板。"受害人从第二踏板掉下来,一般应是掉进工作空间,不会造成伤亡,为何此次直接掉进马达装置区域致死,着实令人费解。"吴江一位电梯生产商说。

低价优势并不能等于价廉物美

据申龙电梯股份有限公司官网介绍,该公司创立于1992年,是一家集设计、制造、销售、安装、服务于一体的现代化电梯生产企业。其产品销往全国31个省区市,及俄罗斯、马来西亚、澳大利亚等海外市场。该企业还获得全国用户满意产品和服务单位、中国驰名商标、江苏省高新技术企业、江苏省高新技术产品、江苏省明星企业等荣誉。

记者采访多家电梯代理商和使用企业发现,近几年来,申龙电梯凭借低价优势,在激烈的市场竞争中获得中小型地方房企和连锁商超等客户的青睐,成为行业后起之秀。该公司财报显示,2012年、2013年和2014年分别实现营业收入为9.57亿元、10.9亿元和12亿元,净利润分别为1亿元、9937万元和1.24亿元。2014年5月23日,申龙电梯向证监会报送IPO申报稿,于2015年7月2日通过证监会发审委审核。

虽然业务呈现快速发展势头,但申龙电梯在技术研发方面的投入却处行业较低水平。数据显示，与企业利润攀升形成鲜明对比的是，申龙电梯研发费用占营业收入比重反而降低。2012年、2013年和2014年研发费用占营业收入的比例分别为3.46%、3.65%、3.11%。

另外，申龙电梯技术人员占员工总人数的比重也远远低于同行业。2014年申龙电梯技术人员所占员工总人数比例为9.41%，而国内同类企业一般在两位数。

同类电梯大品牌价格为20万至40万元，申龙电梯则低得多。对此，袁强称，申龙有自己的零配件生产企业，零配件60%由公司内部企业提供，故而能够缩减成本。

据业内人士介绍，楼高4米到4.5米的自动扶梯价格一般为每台16万元左右，而申龙公司的统计数字显示，2012年至2014年，该公司同类自动扶梯产品销售平均单价均不超过每台12万元。"在开拓市场过程中，低价应是申龙电梯的利器。"一位某国际品牌电梯公司销售经理说。

目前，广东省质监局已紧急通知，要求对申龙电梯有限公司生产并安装在该省的电动扶梯、自动人行道进行专项检查。上海市已暂停在用的90台申龙电梯股份有限公司的自动扶梯和自动人行道，全面检查整改。据排查，其楼层板均呈"凸"字形，存在安全隐患。

苏州市电梯商会相关负责人称，一些电梯生产企业为压缩成本，偷工减料，加之相关部门监管存在盲区，导致部分企业为追求利润忽视产品质量。

8 乡村教育的师资"短板"怎么补？

——聚焦我国乡村教育

强国必先重教，重教必须尊师。制定实施乡村教师支持计划，是党中央、国务院立足全面建成小康社会战略全局作出的重要决策和部署，是惠及广大乡村教师、惠及亿万乡村孩子的民心工程，是缩小城乡区域发展差距、逐步实现共同富裕的关键之举，对于提升教师队伍能力水平、促进教育公平、提高乡村教育质量具有重要意义。

美丽的坚守

——新华社记者万里探访乡村教师

矮小、拥挤的土坯房里，摆放着上世纪七八十年代的家具；红砖垒砌的矮墙，只有邻居水泥院墙的一半高；院子里堆满杂物、柴火和废品……这是乡村教师杜程枫的家。

虽然并不富裕，这位河南封丘县树人中学的语文老师却已经坚持从教20多年——

和他一样，中国330万乡村教师就像黑夜里的蜡烛，给15万所农村义务教育学校和4000多万个农村娃带来温暖的光。

> **乡村教师心声**
>
> 军人讲军心，乡村教师也得讲"军心"，就是对职业的坚持和信念。
>
> ——河南封丘县树人中学语文教师杜程枫

2015年6月，国务院办公厅印发《乡村教师支持计划（2015—2020年）》，对乡村教师而言，他们期盼的阳光到来了。

过去几个月来，新华社记者奔赴湖南、甘肃、河南等地，深入最偏僻的角落，探访乡村教师，了解他们的生存现状，倾听他们的喜怒哀乐……

扎根

河南封丘，位于黄河滩区的国家级贫困县。树人中学距离县城约

9公里。杜程枫和妻子段振岩大半辈子都在这里工作。

一个月2000元出头的工资，杜程枫夫妇要养活两个学龄女儿和双方老人。大女儿一直想买台电脑，可杜程枫没敢买，"买了电脑，家里其他开销就'扯不开'了。"

经济拮据的家庭最怕病，偏偏妻子段振岩身体孱弱，杜程枫也因多年站讲台而落下了腰椎间盘突出的毛病，挨到非治不可的地步，在学校爬一层楼要一个小时。"为医药费发愁的时候，觉得自己都不会笑了"，杜程枫掏出一个皱巴巴的白色塑料袋，里面是几十张医院缴费单，不少看起来已有些年头，"我都存着，给自己留个念想，记得当初最苦的日子"。

纵然如此，杜程枫、段振岩夫妇从没想过改行。"最初也有点冲着公家的铁饭碗，被分到了农村，干着干着，就舍不得学生了。"

当被问起最幸福的事是什么，杜程枫憨憨一笑说："评上了职称，可以加点儿工资。"而他最骄傲的是逢年过节，自己亲手送出农村的学生们回乡过年，会来看望他。

搬砖、绑钢筋、卖春联、贴年画……在乡村教师平均工资不到2000元的封丘县，这是老师们贴补生活的常态。可是，很少有人因此离开。

这些清贫的老师就像一群候鸟，每逢寒暑假四散开来，各寻生计；开学了，又成群结队回到校园，扎下根来。

《乡村教师支持计划（2015—2020年）》提出，要全面落实集中连片特困地区乡村教师生活补助政策，依据学校艰苦边远程度实行差别化的补助标准；在现行制度架构内，做好乡村教师重大疾病救助工作。

虽然还不知道自己的腰椎间盘突出能不能享受重大疾病救助,但支持计划还是让杜程枫感到很大的安慰。"国家知道乡村教师不易,情况肯定会越来越好的。"

坚守

距离封丘县900多公里的湖南慈利县,乡村教师卓从美在这个岗位上的年头比杜程枫更久。如果算上退休返聘,他已经干了整整40年。

退休返聘教师卓从美,是湖南慈利县江垭镇龙潭湾点校的校长,也是老师,还是保安员和保育员。年过花甲的他,一个人守着这里的8个孩子。

多年前,卓从美为保护学生而被落石砸中受伤,左腿截肢,之后,学生和家长一直称他"单腿校长"。

卓从美的作息时间是这样的:5时半起床,6时20分开学校大门,带着孩子们上早自习,然后去给孩子们做早餐。7时40分带着孩子们吃早餐,8时20分开始给4个年级轮流上课。11时30分,上午课程结束,孩子们做作业、玩耍的时候,卓从美就进食堂做午饭。12时带孩子们吃午饭,吃完他开始守着孩子们午睡。下午2时20分上课,等4时多孩子放学了,他才开始忙自己的事。

因为连轴转的"包班制",卓从美上课时常常需要装着假肢连续站4个小时,下课了再转战厨房给孩子们做午饭,"上完语文上数学,上完这个年级上那个年级,中间连去厕所的时间都没有"。因为长时间站立,他的腿经常隐隐作疼。

1个老师,8个学生,空荡荡的教学点里,还有一片绿油油的菜地。

卓从美自己种了油麦菜、萝卜、白菜。他说，自己种的，孩子们吃起来健康。尽管和家人分隔两地，但一人坚守的他毫无怨言，"学生爱吃我种的菜、做的饭，我最开心"。

1976年开始，卓从美成了一名乡村教师。2015年1月，他原本已经退休了，可因为当地是山区，太偏远，其他老师不愿意来。领导找他当"补丁"，于是，他成了返聘教师。"其他人都不来，孩子们离不开我，我得守在这儿，直到守不动为止。"

相隔近千公里，河南省济源市王屋山深处的和平教学点，62岁的张学明抱着和卓从美一样的想法。在过去的42年里，他教了成百上千个学生，其中有不少是祖孙三代，如今，这里只剩下9个孩子。

乡村教师张学明在教室里指导学生做作业。

2014年,退休后的张学明由于患有轻微脑梗,本已打算离开学校在家安享晚年,可是,山窝里的学校条件太差,没有新老师愿意来接替。无奈之下,学校只好返聘了张学明。

"假如我不来,这些孩子就没人教了。"张学明割舍不下这仅有的9个孩子,不顾家人劝阻,接受了返聘。除了包班上课,还给住宿的孩子们做饭、看大门,遇到冬天缺水时,还得挑着水桶走上二里地打水……

年过花甲的他,一人挑起了一所学校。

"等到孩子们不需要我了,我再退休吧。"坐在学校门口,看着自己坚守了40余年的校园,张学明的眼神朴实而坚定。

《乡村教师支持计划(2015—2020年)》提出,国家对在乡村学校从教30年以上的教师按照有关规定颁发荣誉证书。在卓从美、张学明这样兢兢业业一辈子的乡村教师眼里,这意味着国家对他们终其一生奋斗的事业予以肯定与尊重。

"还有,孩子和家长的肯定,对我们来说是另一种最大的荣誉。"张学明说。

挣扎

80后乡村教师小雪工作的学校,离北京市核心城区只有80公里,但孩子们去"真正的北京"机会还是不多。

她说,这里是"另一个北京"。

2010年,从黑龙江省齐齐哈尔大学本科毕业之后,小雪选择来到北京门头沟山区当老师。从学校到她位于城里的家,需要2个多小时。

2014年8月,小雪做了妈妈,2015年3月恢复上班。为了早些给山里的孩子上课,她把半岁的宝宝也带到了大山里。因为工作太忙,婆婆只好随着她一起到山区照顾孩子。

学校给小雪分了一间宿舍,十几平方米的开间里,陈设是一张床和一台电视机。

"来了才发现有落差。这里的学生比我过去实习的重点中学少多了。"小雪满心以为自己开口唱歌孩子们会喜欢,"可是我一张嘴,他们都吓坏了,觉得特别不好听,因为还不懂得欣赏美声"。

小雪说,她最大的心愿,就是多组织几次活动,带孩子们到80公里外的北京去看看。

小雪的内心不是没有挣扎。"刚毕业的时候也没想那么多,可是生活太现实了,有了孩子以后,我会犹豫,不想让孩子也在大山里生活。"

小雪的犹豫在乡村教师中并不少见。东北师范大学农村教育研究所发布的《中国农村教育发展报告2013—2014》中一组数据显示,65.7%的农村教师希望流动到城市任教,90.33%的乡镇教师希望到县及以上城市任教,93.35%的村屯教师希望到乡镇及以上地区任教。

距北京1500多公里远的甘肃省会宁县李湾小学,36岁的代课教师段晓霞在教了10多年学后,对未来也不那么确定了。

段晓霞教六年级数学、英语和二年级数学、思想品德,经济收入却还不到其他老师的零头,因为她是代课老师。

从刚工作时每月19元到现在每月200元,段晓霞和打工的丈夫、一对儿女生活得非常艰难。"最怕孩子生病,没有钱给他们看病,作为母亲,我难受。"

段晓霞全家住在学校的一间单身宿舍里,屋子里只有两张桌子、一个火炉一张床和一个柜子,写字台台面掀起来就是切菜板,家里最值钱的是一台300元买来的旧电视机。

甘肃省会宁县李湾小学代课教师段晓霞在宿舍中和面。

"和同龄人相比,我的脸上就带着老相。"段晓霞黯然,也觉得委屈,都是老师,待遇却十分不同。同时,她也恨自己没有抓住机会考取转正名额。

段晓霞小心翼翼地拿出一个盒子打开,里面是她这些年来获得的所有奖励:优秀教师、教学能手……可她不是正式编制教师。

根据甘肃省相关政策,她还可以通过考试转正。但是对于是否能通过考试,赵晓霞心里没底:"年纪大了,记忆力也下降。如果不能转正,我也不知道该咋办。"

《乡村教师支持计划》提出,严禁在有合格教师来源的情况下"有编不补"、长期使用临聘人员。对于段晓霞们而言,这是否是另一个希望,仍未可知。

希望

10时50分,大课间铃声"开门红"音乐一响,瞬间点燃了整个教学点。

> 《乡村教师支持计划(2015—2020年)》八项主要举措:
>
> (一)全面提高乡村教师思想政治素质和师德水平。
>
> (二)拓展乡村教师补充渠道。
>
> (三)提高乡村教师生活待遇。
>
> (四)统一城乡教职工编制标准。
>
> (五)职称(职务)评聘向乡村学校倾斜。
>
> (六)推动城镇优秀教师向乡村学校流动。
>
> (七)全面提升乡村教师能力素质。
>
> (八)建立乡村教师荣誉制度。

20名小学生自由组队,玩起了花样跳绳,大绳双人换位跳、3人换位跳、大绳套小绳……银铃般的笑声响彻校园。两张年轻的面孔格外引人注目——她们是这个教学点的"新兵":20岁出头的乡村教师赵颖、姚文杰。

这里是河南省济源市下冶镇石槽教学点,位于王屋山的山坳里,周围青山环绕,距离市区55公里。教学点共有师生60人,其中幼儿园34人,一、二年级20人,教职员工6人,辐射周边5个自然村。

25岁的赵颖,2013年从南阳师范学院毕业后,通过特岗教师考试到这里。"我刚来的时候,觉得这儿死气沉沉。喏,你看,现在校园像沸腾了一样。"赵颖乐呵呵地说。

"能把'接力棒'交给她们,我就放心啦。"看着两位年轻老师和孩子们玩成一团,站在一旁的老教师李欣南非常感慨,"年轻人就是有活力，孩子们喜欢得很！"59岁的李欣南是这里的"老兵"，因年龄和身体原因，目前主要负责学校后勤、安全工作。

23岁的姚文杰家在100公里之外的孟州市，2014年大学毕业后来到这里当特岗老师。她说，这里的大课间活动丰富多彩，不光有跳绳，还有腰鼓、唱歌、舞蹈，还自编了《快乐的一天》《遥远的爸爸妈妈》等校本剧。"孩子们学得很快，腰鼓一周就学会了，最重要的是孩子开心。"

白天跟孩子们一起玩、一起上课、一起吃饭，晚上陪孩子们一起睡觉。闲暇时上QQ，打电话给家人或同学，再看看书，这就是赵颖和姚文杰的学校生活。和一般年轻人相比，她们的生活里少了热闹，少了物质，却多了恬淡、纯粹、自由和安宁。

在赵颖和姚文杰的宿舍，记者看到了孩子们写给她们的小字条，上面写着"老师，我会想你的""老师，我希望早点见到你，新年快乐"等。

"孩子们让我们感到了家的温暖,有的从家里给我们带枣糕馍馍、红薯，周日下午返校，早早地就坐在校门口等我们回来，就像等亲人回家一样。"两年多来，赵颖最大的变化是：从不想来、不适应，到不想走、不舍得。

《乡村教师支持计划》提出，要拓宽乡村教师来源，鼓励有志青年投身乡村教育事业，畅通高校毕业生、城镇教师到乡村学校任教的通道。在主要举措中，则明确提出，适时提高特岗教师工资性补助标准；高校毕业生取得教师资格并到乡村学校任教一定期限，按有关规定享受学费补偿和国家助学贷款代偿政策。

对于赵颖、姚文杰这些90后的年轻姑娘们而言，新政策或许会为她们吸引更多年轻的同伴。

"我没想过走,我相信,还会有更多人来的。"伴着孩子们跳绳的英文背景歌,赵颖这样说。

记者发稿前,从教育部网站传来消息:2013年9月连片特困地区乡村教师生活补助政策颁布实施以来,22个省份699个县中已有21个省份604个县实施了乡村教师生活补助,受益乡村教师94.9万人,人均月补助标准为307元,比2013年增加49元……

我国乡村教育获得长足发展但仍"喜中有忧"

近些年来,我国逐年加大农村教育投入,农村教学条件和质量获得长足发展。硬件上,仅2014年中央财政就投入500亿元专项资金,全面改善贫困地区义务教育薄弱学校基本办学条件。软件方面,中小学、幼儿园教师国家级培训计划得到扩大实施,全年培训240万人次,实现中西部义务教育和幼儿园的全覆盖。

新华社记者赴河南、湖南、甘肃、辽宁等地调研后发现,不容否认的是,我国农村教育在取得长足发展的同时仍然存在一些困难和问题,比如生源流失、教师老龄化、教学质量有待提高等。

甘肃省兰州市西固区孟家山小学是一所按照百人规模建设的小学,上学期仅有6名学生,还分布在4个年级。"现在不愁别的事,最愁的就是孩子越来越少,这么好的学校如果没有了学生真是可惜。"孟家山小学校长陈爱邦说。

条件越来越好，可是学生越来越少，记者走访的多个农村教学点都存在这样的现象。数据显示，甘肃省学生人数在10人以下的"麻雀学校"达3700多所。

甘肃省教育厅厅长王嘉毅说，在农村地区接受义务教育的适龄儿童的家长大多都是90后，他们在农村待不住，只要身体允许就带着家人外出打工，孩子也就离开当地到外地上学。

"学生的流动影响到了教师移动，许多乡村的小学变成了'漂亮的薄弱学校'，优秀师资根本留不住，造成了县城学校大班额，农村学校'空了心'的现象。"中国教育科学研究院研究员储朝晖说。

"目前的现状是村里老师想去镇上，镇上老师希望去县城，县城老师努力往市里奔，剩下的老师大多在50岁以上，年轻老师又很难招进来，工作越来越难做。"甘肃省会宁县一所学校的校长告诉记者。

教师老龄化是农村教育存在的另外一个问题。辽宁省鞍山岫岩满族自治县朝阳镇朝阳村大河南小学有30名学生，仅有的三个老师年龄分别为57岁、53岁、60岁。

"解决乡村教师流失问题，待遇是关键但并不是唯一，对教师住

新华社评论

祛除乡村教育"最痛点"，切实落实计划，经费保障是重要方面。中央财政会通过相关的政策和资金渠道，重点聚焦乡村教师。各地政府在执行计划当中，要提供财政保障，调整财政支出的结构，加大投入力度。同时，要制定严格的监管制度，规范使用，强化监督，坚决杜绝截留、克扣、虚报、冒领等违法违规行为的发生。

房、生活甚至是恋爱等现实问题都需要考虑到。"储朝晖说，光靠情感留人不可能解决目前的这些困境。

到2020年基本实现教育现代化，重点和难点在乡村。全国政协委员马德秀建议各级政府切实把加强乡村教师队伍建设作为教育优先发展的突破口，从最薄弱的老少边穷岛地区入手，采取有效的措施，尽快形成乡村教师"下得去、留得住、教得好"的良好局面。

可喜的是，乡村教育尤其是乡村教师进一步引起了中央高度关注。2015年6月初，国务院办公厅印发《乡村教师支持计划（2015—2020年）》，全面部署乡村教师队伍建设工作。

为进一步提高城乡义务教育经费保障水平，中央财政下拨城乡义务教育补助经费1305.8亿元，比2014年增加约80.9亿元，增长6.6%。

为落实《乡村教师支持计划（2015—2020年）》，从2015年起，中央财政扩大了"特岗计划"实施范围，将连片特困地区以外的省级扶贫开发工作重点县纳入政策覆盖范围。同时，从2014年10月1日起提高特岗教师工资标准，年人均西部由2.7万元提高到3.1万元，中部由2.4万元提高到2.8万元。

教育部部长袁贵仁表示，2015年将继续集中力量解决教育公平中的紧迫问题，加快缩小城乡差距。各地要在乡村教师待遇、职称评定、周转房、培养培训等方面制定有吸引力的政策措施。

让"师资"不再成为乡村教育"最痛点"

一方面是资金倾斜,投入增多,硬件加强;另一方面则是师资老化断档,结构性短缺……建设美丽乡村,离不开乡村教育。新华社记者调研发现,虽然近年来乡村教育进步巨大,但边远贫困地区乡村学校建设中的短板问题仍十分严重,尤其是师资问题是"最痛的痛点"。面对几个月前出台的《乡村教师支持计划》,人们普遍期盼,各项政策能精准发力,尽快落地,让"漂亮的薄弱学校"不再薄弱。

逐步告别"危房时代"

"那样的时代,以后就只能定格在图片里了。"搬出危房那天,刘凯军和学生们在教室前留了一张合影。

甘肃会宁,地处干旱贫瘠的黄土高原,却是基础教育的强县。刘凯军是会宁县杨崖集乡罐峡小学校长。他经历

> **新华社评论**
>
> 强国必先重教,重教必须尊师。制定实施乡村教师支持计划,是党中央、国务院立足全面建成小康社会战略全局作出的重要决策和部署,是惠及广大乡村教师、惠及亿万乡村孩子的民心工程,是缩小城乡区域发展差距、逐步实现共同富裕的关键之举,对于提升教师队伍能力水平、促进教育公平、提高乡村教育质量具有重要意义。

了乡村教育的"窘迫"时代,"不仅在危房里上课,甚至连教具都没有,上课就是粉笔加黑板。"

如今,他和学生们搬进了宽敞明亮的新教室,还用上了"班班通"等先进的教学仪器。

罐峡小学是乡村义务教育阶段学校基本办学条件改善的缩影。近些年来,随着国家及地方各级政府从政策、资金等方面加大投入力度,我国乡村教育进入了发展"快车道",在基础设施等硬件方面同城市差距不断缩小。

祛除"最痛的痛点"

进步固然巨大,但短板依然明显。

地处武陵山区连片贫困地区,从湖南通道县县城驱车2个多小时,绕过7公里118道弯的盘山路,记者终于到达位于大山深处的金坑希望小学。校长杨国进充满忧虑:"随时可能请不到代课老师,根本没有体、音、美老师,英语主要靠外面来的支教老师。"

金坑小学有1至5年级127名学生,还有两个学前班44个孩子,共171人,11名老师中有5个公办老师、4个代课老师、2个支教老师。代课老师每月工资仅1200元。金坑小学的情况并非特例。记者调查发现,一方面,在一些地方,农村教师老龄化严重,部分学校甚至面临教师"断档"之忧;另一方面,农村教师又存在严重的结构性短缺,很多地方只能实行包班教学,教非所学、学非所教情况较为普遍。

2015年4月1日,由习近平总书记主持召开的中央全面深化改革领导小组第十一次会议指出,到2020年全面建成小康社会、基本实现教育现代化，薄弱环节和短板在乡村，在中西部老少边穷岛等边远贫困地区。

"然而，乡村教育仍做不到让每个乡村孩子都能接受公平、有质量的教育，阻止贫困现象代际传递。"河南教育学院教授徐玉斌说，硬件的改善难掩教学质量上的鸿沟，质量差的关键在师资。"师资紧缺已成当前乡村教育最痛的痛点。"

"乡村教师待遇必须让别人羡慕"

"不怕贼偷，就怕来客。"采访中一位乡村教师如此描述自己的收入状况。在湖南，农村教师人均月收入为2483元，远远低于同学历、同年龄外出打工人员收入，甚至比当地农民聘请的木工、水泥工的收入还低。

记者走访发现，一些乡村教师为补贴家用不得不开发"第二职业"——有人晚上开出租车，有人暑假跟着建筑队绑钢筋，有人帮村里盖房修路搬砖，有人到周边工厂打零工。

"收入少、地位低、前景差，乡村教师岗位凭什么吸引优秀人才？"徐玉斌说，教师是最伟大、最美丽的职业，坚守在边远贫困地区的乡村教师则是更伟大的一群人，但偏偏是这些人的收入得不到保证、价值得不到承认。

为解决这一问题，2015年6月初，国务院办公厅印发《乡村教师支持计划（2015-2020年）》，全面部署乡村教师队伍建设工作。目前，各部门、各地区都已开始积极落实计划要求。有些地方，像湖北省已出台支持计划的地方实施办法，从工资待遇、社会保险、教师补贴、职称评聘等方面，切实提高乡村教师的生活待遇。

"乡村教师的工资待遇必须让别人羡慕。"在基层从教近30年的十二届全国人大代表、湖南省通道侗族自治县第一完小校长蒙兰凤说，"同时还要拓展乡村教师补充渠道、统一城乡教职工编制标准、职称评聘向乡村学校倾斜，才能让'漂亮的薄弱学校'提高教育质量，阻止住生源的恶性流动。"

让乡村教育得到质的提升

作为教师队伍建设的重要组成部分，乡村教师支持计划引起人们的关注。

党和政府高度重视教师尤其是乡村教师群体，采取了一系列政策措施，尤其是2015年6月发布了《乡村教师支持计划（2015—2020）》，提出了拓展乡村教师补充渠道、提高乡村教师生活待遇、统一城乡教职工编制标准、职称（职务）评聘向乡村学校倾斜、推动城市优秀教师向乡村学校流动等八大举措，旨在解决乡村教师"下不去、留不住、教不好"等突出问题。

新华社记者奔赴多地进行乡村教育调研，一些乡村教师反映，"料好更需加工好"，作为当前乡村教育"最痛的痛点"，师资问题需得到各级党委和政府进一步重视与支持。

祛除乡村教育"最痛点"，切实落实计划，地方各级人民政府是责任主体。各地应针对自身的特点，根据计划提出的各项目标任务和工作要求制定出符合实际的实施方案，做到多措并举、定向施策、精准发力、标本兼治，并且向社会公开，接受全社会的监督。

祛除乡村教育"最痛点"，切实落实计划，经费保障是重要方面。中央财政会通过相关的政策和资金渠道，重点聚焦乡村教师。各地政府在执行计划当中，要提供财政保障，调整财政支出的结构，加大投入力度。同时，要制定严格的监管制度，规范使用，强化监督，坚决杜绝截留、克扣、虚报、冒领等违法违规行为的发生。

应当看到，计划的落实并非易事，需要教育、财政等部门协调共进，形成联动机制和工作合力。对工作不到位的情况要公开，对推动不力的地方政府和部门要追究责任。

强国必先重教，重教必须尊师。制定实施乡村教师支持计划，是党中央、国务院立足全面建成小康社会战略全局作出的重要决策和部署，是惠及广大乡村教师、惠及亿万乡村孩子的民心工程，是缩小城乡区域发展差距、逐步实现共同富裕的关键之举，对于提升教师队伍能力水平、促进教育公平、提高乡村教育质量具有重要意义。

一分部署、九分落实。只有让好政策真正生根、开花、结果，才能让我国330万乡村教师得到实实在在的支持和提升。

给光辉的职业一个坚实的支点
——聚焦《乡村教师支持计划（2015—2020年）》

教师是太阳底下最光辉的职业。对于我国330万乡村教师而言，负担重、待遇低、职业尊严和幸福感不高曾是他们的困扰。

2015年6月8日发布的《乡村教师支持计划（2015—2020年）》针对乡村教师发展面临的困难和问题制定了一系列政策措施。这些措施是否呼应了教师的现实诉求？能否解决现实的困惑矛盾？能否扭转教师"下不去、留不住、教不好"的局面？

【关键词：职称】

在湖南通道侗族自治县第一中学，全校高级教师的平均年龄在45岁左右，有的老师拿了中学一级职称快20年了，却没有晋升中高级职称的机会。

校长杨保仲说："一些乡村教师因为职称评定'很受伤'。"

"职称指标"几乎是所有乡村学校的困扰。河南济源市克井一中校长李新乐说,职称直接与教师的工资待遇挂钩,高级和中级职称相差很大,"评上和评不上,一个月差六七百元钱",导致很多教师"评一次伤一次"。

目前我国的中小学教师职称评定的比例限制频遭诟病。示范性高中的高级职称比例是35%,一般高中是25%;初中的高级职称10%,中级40%,初级50%。小学教师没有高级职称,最高才达到中级职称,很多小学教师的头顶悬着一块"隐形天花板"。

针对此,《乡村教师支持计划(2015—2020年)》提出增加乡村学校中高级岗位数量,实现县域内城乡学校教师岗位结构比例总体平衡。

湖南张家界市教育局师训中心主任刘协平说,没有幸福感的乡村教师,是无法肩负起国家农村教育重担的。而乡村教师的幸福感,不仅仅在于经济待遇,更在于晋升通道的畅通和成长空间的宽敞。期望此次支持计划的出台将有助于改善现状。

【关键词:编制】

截至2014年9月,湖南省慈利县教育系统共有1430多名编外工作人员,其中700多人是幼师,工资从幼儿学前教育收费中提取。余下人员的工资全部要由农村学校自行解决。

"编制设计的不合理,是乡村教师问题的根源之一。"慈利县教育局基础教育股股长李思锋告诉记者,目前我国中小学教师编制标准主要考虑的是城市学校的情况,对于只有十几个孩子甚至几个孩子的村级教学点,城市学校的生师比标准直接导致了农村教师编制的结构性短缺。

"为了解决编外人员的工资问题,很多农村学校校长每年要花至少四分之一的时间在外面'讨钱'。"慈利县教育局人事股股长陈文才说,有的村小、教学点的教师不仅包班教学,还要负责学生的营养餐和生活起居,常年超负荷。

中国教育科学研究院研究员储朝晖指出,总人数不缺不意味着学校不缺,学校不缺不意味着专业不缺。不少基层教育主管部门都在呼吁,乡村教师编制核定应该基于更加充分的调研,考虑偏远、贫困、地势复杂地区的实际情况。

针对类似现象,《乡村教师支持计划(2015—2020年)》提出,乡村中小学教职工编制按照城市标准统一核定,其中村小、教学点编制按照生师比和班师比相结合的方式核定;通过调剂编制、加强人员配备等方式进一步向人口稀少的教学点、村小倾斜,重点解决教师全覆盖问题,确保乡村学校开足开齐国家规定课程。

【关键词:待遇】

河南省封丘县居厢乡树人中学的业务主任杜程枫给记者算了一笔账:他和爱人都是老师,两人月工资加起来大概4000元。两个孩子一个上高三、一个上幼儿园,每月最少需要1000元,赡养双方老人每月至少1000元,自己省吃俭用每月生活费500元。这样,全家每月最多存下1500元。在家庭不遭遇意外的情况下,这种收入状况勉强能支持孩子完成今后的学业。

"很多学生看到我们的收入远不如外出打工的人,反而是村里最困难的，常常会产生'知识无用'的想法。"杜程枫说。

河南教育学院教授徐玉斌说，近年来，国家通过一系列政策措施，保障教师工资收入，着力提高乡村教师生活保障。但与广大教师的现实需求相比，仍有改善空间。国家应适当提高农村教师的工资水平，并大幅度提高岗位津贴，依据农村学校的边远艰苦程度、教师的岗位级别和执教年限实行阶梯式津贴政策。

《乡村教师支持计划（2015—2020年）》提出要全面落实集中连片特困地区乡村教师生活补助政策，并依据学校艰苦边远程度实行差别化的补助标准。各地要依法依规落实乡村教师工资待遇政策，依法为教师缴纳住房公积金和各项社会保险费。还要做好乡村教师重大疾病救助工作，加快实施边远艰苦地区乡村学校教师周转宿舍建设。

东北师范大学农村教育研究所曾运用自主研究的农村教师职业吸引力模型，对上万名中小学教师和师范生进行问卷调查。调查显示：当月薪达到4000元时会有79.4%的师范生愿意直接去农村任教，月薪达到5000元时会有88.1%师范生愿意直接到农村任教。

专家观点

目前，农村教师向城市基本上是一种自发的流动，而且是有去无回，而城市向农村基本上是一种被迫的流动，多以支教、挂职、锻炼为主，且是有去有回，这对农村教师来说是不公平的。城乡教师之间应建立一种合理的流出流入机制，不能只进不出，也不能只出不进。

——河南教育学院教授 徐玉斌

【关键词：流动】

"现在很多农村老师是定岗定编，如果没有特别的手段和方法，一个老师可能要在农村待一辈子。"想到自己的未来，一位北京师范大学毕业的免费师范生"很焦虑"。

"教师流动"变成"教师流失"已成为乡村教育的痼疾。储朝晖通过长时间的田野调查发现，很多地方的城乡教师之间并未形成合理的流动机制，反而是农村学校的教师想方设法往城里调，城里学校的教师不愿往农村学校调，一些新入职的年轻教师也不愿到农村，很多农村教学点面临无人教学的危险。

> **域外经验**
>
> 美国通过多种渠道为乡村教育填补师资来源；澳大利亚为条件艰苦地区的乡村教师提供额外的财政补贴；日本和法国则将教师都纳入公务员队伍，并统一城乡教师待遇；法国和美国都设立了专项基金，用于乡村教师的进修和培训。

"刚开始肯定有情绪。"从四川省成都市温江城区知名的东二小"交流"到寿安小学任校长的刘云清告诉记者，"一开始听说要交流到最边远的寿安小学，内心很抵触，妻子也坚决反对。"

但是，成都市探索实施的教师"县管校聘（用）"流动管理制度的补偿机制让刘云清渐渐安了心——全市教师"县管校聘（用）"，交流校长、教师权利和待遇不缩水。设置薄弱（涉农）学校津贴，并从住房、培训、评聘职称、评优评先等方面给予适度倾斜。还有每人1万元的支教校长专项经费。

结合各地的经验探索，《乡村教师支持计划（2015—2020年）》

提出：全面推进义务教育教师队伍"县管校聘（用）"管理体制改革，采取定期交流、跨校竞聘、学区一体化管理、学校联盟、对口支援、乡镇中心学校教师走教等多种途径和方式，重点引导优秀校长和骨干教师向乡村学校流动。

近年来，河南省济源市对乡村教师按照任教年限等一些指标进行积分，每年农村和山区乡镇会根据自己的教师比例、缺编情况，让教师按照积分高低选择调动和交流途径。

【关键词：培训】

"现在我很自信，去市里参加演讲比赛也不怵了。"以前，甘肃省兰州市城关区伏龙坪小学教师魏振娜不愿意告诉别人自己是山区学校的老师。

近几年，教师参与的培训多了起来，魏振娜的教学技能增长不少，2015年刚刚拿到兰州市教育系统的新秀奖，现在可以理直气壮地介绍自己。

会宁县教育局项目办主任何强说，一个在岗位上成长起来的老师对这个岗位是有感情的，有感情就难割舍，这对乡村教育发展会有很大的帮助，但现实是针对乡村教师的培训从数量和质量上都还不足够。

《乡村教师支持计划（2015—2020年）》明确提出到2020年前，对全体乡村教师校长进行360学时的培训，采取顶岗置换、网络研修、送教下乡、专家指导、校本研修等多种形式，增强培训的针对性和实效性。从2015年起，"国培计划"集中支持中西部地区乡村教师校长培训。鼓励乡村教师在职学习深造，提高学历层次。

9 留守儿童难题怎么解?
——聚焦6000多万青少年群体的生存困境

留守儿童难题是个大问题,也是国家不得不面对、不得不解决的难题。为了妥善处理留守儿童难题,需要注意以下几点:一、需要家庭、政府、学校共同面对,共同解决;二、建立农村留守儿童关爱保护工作体系,吸引更多社会力量广泛参与;三、运行农村留守儿童救助保护机制,在强制报告、应急处置、评估帮扶、监护干预等方面发挥有效作用;四、多管齐下,有效预防和遏制侵害农村留守儿童权益事件的发生。

2016年我国将多措并举推动农村留守儿童关爱保护工作

组织开展农村留守儿童摸底排查，将农村留守儿童贫困家庭全部纳入建档立卡范围，落实和完善符合条件的农民工随迁子女在输入地就学和升学考试政策……获国务院批准建立的农村留守儿童关爱保护工作部际联席会议于2016年4月6日举行第一次全体会议，研究确定了2016年关于农村留守儿童关爱保护的各项工作要点。

据介绍，2016年，各部门将围绕推动完善农村留守儿童教育关爱措施、推动改善农村留守儿童贫困家庭环境、推动完善农村留守儿童司法保护措施、推动完善未成年人保护法律政策等12方面展开48项具体工作。根据这份工作要点，我国农村留守儿童的关爱保护工作2016年将在多方面得到推动，如：在各地建立翔实完备、动态更新的农村留守儿童信息

关爱　　　　　　　　　　　新华社发　赵乃育　作

库，农村留守儿童贫困家庭将全部纳入建档立卡范围，部分地区将启动农村留守儿童健康教育项目试点等等。

此外，会议还研究确定了农村留守儿童关爱保护工作部际联席会议成员单位的职责分工。

联席会议召集人、民政部部长李立国要求，各成员单位要把农村留守儿童关爱保护工作纳入本部门、本系统工作总体安排予以部署和落实，督促指导基层单位、机构和组织完成好具体工作，在家庭监护监督指导、摸底排查、教育关爱、强制报告、应急处置、评估帮扶、监护干预等关键环节或工作任务中积极承担责任、发挥作用。各成员单位要相互配合、相互支持，加强力量与资源统筹、信息沟通、工作协调和优势互补，形成各司其职、分工协作、齐抓共管、整体推进的良好工作格局。

农村留守儿童关爱保护工作部际联席会议原则上每年召开一次，遇有重要事项可随时召开。

给留守儿童一个"家"

——对一个6000多万青少年群体生存困境的思考

新学年到了。河南临颍县吕庄村，8岁的任文落和同村小伙伴放学后有了新去处："糖果计划"留守儿童艺术中心。他们找到座位，边写当天作业，边等老师给他们上美术课。

吕庄的绝大多数孩子都是留守儿童。在刚刚过去的暑假，任文落还是没能见到在广州打工的爸爸和在郑州打工的妈妈。但爱好美术的她找到了暑假的"色彩"。整个假期,"糖果计划"公益组织发起人谢北思带着孩子们为村庄的房子"上色",任文落被孩子们公认画得最好。"我们无法改变孩子父母不在身边的状态,索性让孩子们专注一些高兴的事情。"谢北思希望孩子们亲手绘就的房子,能让他们感到"家乡很漂亮"。

在屡屡被留守儿童生存困境的消息刺痛时,"谢北思"们通过一抹色彩,传达出社会的温情。而对这个6000多万的庞大群体,仅仅关注是不够的。怎样汇聚更多力量为他们做些什么?该怎么做?特别是,怎么给他们一个能在心灵中永驻的"家"?

留守儿童问题,谁才是第一责任人?

陕西泾阳县,当地家庭教育指导中心副主任孙宏建讲了件至今仍觉得扎心的事。前不久,他带着50多个留守孩子去江苏昆山见父母。近在咫尺,却有一位家长以工作忙、走不开为由,一直没见孩子。"那个孩子非常伤心。"

当社会高度关注这些孩子的时候,家长——他们的第一监护人——到底该怎么承担这

缺失　　　　　　　新华社发　朱慧卿 作

个第一责任,讨论得却并不充分。

"把孩子送过去了父母都不见,到底哪里出了问题?"孙宏建的困惑,并非个案。记者在陕西、贵州、江西、福建等地采访留守儿童状况时,屡屡看到、听到类似故事。

"留守儿童是人们家庭观念缺失的表现之一,但这个问题长期被忽视。"北京大学哲学系、宗教学系教授楼宇烈说。

新华网一份近千人填写的留守儿童调查问卷结果显示,关于"造成'留守儿童'现象的原因",74%的人选择"父母出于经济原因离开家乡",选择"随迁子女异地入学难"、"中小城镇缺乏就业机会"、"户籍改革进程缓慢"分别占60%、55%和50%,认为"父母缺乏家庭观念"仅占21.6%。针对留守儿童的"第一责任人",58.2%的人认为是"父母",35%的人认为是"政府"。

一位在广州务工的留守儿童的父亲无奈表示,在家乡赚得少只好出来。但接孩子来城市生活不仅成本高,而且诸如异地上学等问题不能解决,所以只能将孩子放在老家给爷爷奶奶抚养。

就像二代农民工和一代相比,出现很多新特点。现在一些留守儿童的父母,渐渐具有迥异于传统父母的表现。

"劝也劝不回

缺失　　　　　　　　新华社发　朱慧卿　作

> **专家观点**
>
> 这背后有广泛认同的社会背景，一些隐性问题不容回避。一些家长没有意识到自己才是养育子女的"第一责任人"，觉得把孩子给老人、亲戚、学校、政府来养是理所应当的。这是留守儿童现象背后需要重视的本源性问题之一。
>
> ——北京大学哲学系、宗教学系教授 楼宇烈

来。我年纪大了，不知道还能带多久，以后娃儿可怎么办啊。"陕西泾阳县桥底镇留守儿童小雪（化名）的姥姥李康秀很发愁，"娃的父母在新疆务工十几年，虽然日子过得很一般，但已经习惯了当地生活，也有了自己的圈子。他们也想娃，但不会轻易回来。"

很多背井离乡的父母，最初都是带着"挣钱养家"的原始冲动远离家乡，但"游子忘归"，却不完全出于经济考量。

接受采访的一些专家认为，剧烈的社会转型过程中，离乡离土、人口迁移带来社会结构和内在机理的深刻变化。反映在留守儿童家长身上，就是过于专注物质追求、形成并习惯新的人际交往圈子，某种程度上冲击了基本家庭观念，带来生而不教、老无所养等一系列问题。

"就像有些人认为给爸妈钱花就是尽孝一样，有些留守儿童的父母认为寄钱回去，让孩子在老家住上更好的房子、过上更好的日子，就是尽到父母责任。其实不然。"楼宇烈说。

留守儿童在最需要父母陪伴的成长阶段，得不到切身的关爱，是成长中无法弥补的重大缺憾。

"生而不教会给社会带来一系列问题。这其实不仅在农村,城市也是如此。"楼宇烈认为,"现在已经到了重构家庭,让家庭观念回归的时候了。"

亲情缺位,谁来补位?

青海省大通回族土族自治县教育局团委书记祁翠琴每次看望完留守儿童后,都感到深深的担忧。"这些孩子明显早熟,不愿意和人交流,而且心态复杂,有的甚至在私底下议论谁看望时带来的钱和玩具多,以及钱该怎么分。"她觉得这归因于家庭关爱和教育的缺失,孩子们从小在患得患失中成长。

亲情缺位,谁来补位?新华网调查数据显示,80.5%的人不认为留守儿童遭遇的亲情缺失能通过其他方面的抚慰来弥补。

让父母和留守儿童在一起,当然是解决留守儿童问题最美满的结果。但受限于现实的各种原因,要实现这一点,或许需要一段较长的时间。

孩子的成长不能等待,我们现在能为他们做什么?

在河南临颍县让孩子们用画笔画家乡的谢北思,还会在课间打开"小雨点"广播——由另一位公益人士刘新宇制作的面向留守儿童的广播节目。优美的音乐、成长的故事在各个教室里回荡,孩子们在画画、做手工之余驻足聆听。"我管这叫心灵陪伴。"刘新宇说。

"越来越多的学校和社区成立了留守儿童活动室、关爱室,也开始有了心理辅导老师,一些地方还有一对一的'爱心妈妈'。这些都是新尝试。"福建省建宁县妇联主席虞美娥说,政府近年来在政策和措施上大量向农村倾斜,社会各界也做了不少努力。

虽然有些专家认为,"代理家长"代理不了亲情,只是实现形式上的补位。但他们承认,这能起到一定作用。

"如果孩子能得到所处环境的关爱,就能弥补一部分亲情缺失。尽管这比早期就满足他的亲情需求,要花费更多时间和精力。"儿童教育专家、北京师范大学教授刘文利说。

多方人士还建议,在现阶段,对留守儿童成长过程中的亲情缺失、监护缺失等问题,政府应该在政策导向和资金支持等方面,为外出父母与子女亲情互动、对子女加强成长监护等创造条件。

不让贫困代际传承,亲情呢?

因为发生了4个留守儿童服农药死亡事件,贵州毕节市田坎乡农民有了更多思考。照看着3个孙子的村民黄良兴说:"管好娃娃,家长要承担主要责任。政府和社会最多就是帮助解决困难,无法替代家长对小孩的关心照顾。"

在北京郊区一处书院,外来务工人员张国霞和爱人把儿子从湖北老家带过来,送到书院读书。为此她辞去每月4000元左右的家政工作,

孩子在人生早期被父母或最直接抚养人关爱,这种经历和体验,有助于他以后学会爱和以什么方式爱,建立起爱他人的情感交流方式。
——儿童教育专家、北京师范大学教授 刘文利

到书院做后勤工作。

"虽然现在收入少了些,把孩子带在身边开销更大,也更累些,但陪伴孩子长大,让他得到更好的教育,再苦再累都高兴。"张国霞麻利地在餐厅收拾着东西,言谈间流露出亲子共处的幸福感。

楼宇烈说,"绝大部分留守儿童的父母选择外出务工,不想让贫困传递到下一代身上。但他们没想到的是,精神方面的贫困却可能代际传递"。

用心关爱　　　　新华社发　大巢 作

新华网调查显示,有91.2%的人认为留守儿童现象会造成亲情淡漠,有74%的人认为这种淡漠会在代际间传播。

"10年后,这些留守儿童也会结婚生子。都说不能让贫困在代际间传播,那亲情呢?"楼宇烈说。

长久以来,政府部门、社会各界主要从孩子本身来着手解决留守儿童问题。在这个问题上,越来越被证实需要"两条腿"走路。专家和相关人士认为,从现在开始,既要做好留守儿童本身的工作,也要做好父母的工作,为父母与孩子团聚创造条件。

"首先要让家长有回归家庭的意识。"江西省南昌市青山湖区妇联干部杨心欣认为,现阶段起要转变外出务工人员的家庭教育观念。通过宣传、培训、学生家长会等方式,对留守儿童家长和监护人实施再教育再学习,扭转长期以来存在的"重生轻教""重物质轻精神"

等观念。

多位基层人士建议,对带着子女进城的农民工父母,政府应给予适当的生活补贴,尽量保障廉租房等基本生活设施,并尽快消除子女入学、户籍等制度性障碍;对返乡农民工,政府应优先安排就业,同时对困难户给予更多补助和关爱。

解决留守儿童难题,"十三五"怎么交考卷?

对于留守儿童而言,春节的结束意味着离别。当返乡农民工再次踏上外出务工之路,中国超过2000万孩子又将面临留守。

国务院于2016年2月印发的《关于加强农村留守儿童关爱保护工作的意见》(以下简称《意见》),这是以农村留守儿童关爱保护为切入点的第一份系统性地明确未成年人保护政策措施和工作机制的国务院文件,其中明确指出到2020年,要使儿童留守现象明显减少。

中国留守儿童的"十三五"考题来了,这些考题都有什么?五年,我们能交出满意的答卷吗?

考题一:"中国好父母"有多难当?

"不敢让孩子看着走,那场景让人受不了。"元宵节刚过,家住山东省惠民县的韩学岩又奔忙起来。但一说起10岁的儿子,泪水就开始在这个 41 岁的山东大汉眼眶里打转,他一次次背过身去。

"最放心不下的是孩子的学习和安全,爷爷奶奶识字不多,孩子找不到人辅导作业。"韩学岩长期和妻子在外跑运输,即便有时奔驰在离家很近的高速公路上也无暇回家看一眼。每次从电话里听到孩子的声音,妻子总是忍不住哭起来。

"有一次,实在想孩子了,我俩专程绕道 160 多公里回家看了一眼,就又出门了。"韩学岩说,"我们也想陪着孩子,但不出去跑怎么赚钱养家?"

和韩学岩一样面临这种两难抉择的还有分布在全国各地的留守儿童的父母。离家打工挣钱给孩子一个好的生活环境,还是守在孩子身边陪他度过成长中的点点滴滴?这看似一道简单的选择题,却始终横亘在广大留守儿童父母心头,如鲠在喉,挥之不去。

《意见》提出,坚持家庭尽责。落实家庭监护主体责任,监护人要依法尽责,在家庭发展中首先考虑儿童利益。

"父母的陪伴才是解决留守儿童问题的根本出路。"中国青少年研究中心副研究员张旭东认为,以前在父母的监护责任方面缺少相关要求,父母未尽到监护责任却没有任何处罚措施,导致留守儿童惨剧时有发生。

《意见》提出,不得让不满十六周岁的儿童脱离监护

破除　　　　　　　　　新华社发　朱慧卿　作

单独居住生活，父母或受委托监护人不履行监护职责的，情节严重或造成严重后果的，公安等有关机关要依法追究其责任。

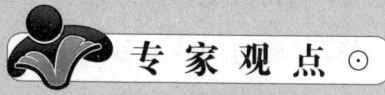

当前我国应以快速城镇化进程为契机，一方面吸引外出农民工返乡就业创业，使留守儿童能够与父母团聚；同时要尽快破除制度壁垒，鼓励、支持和帮助有条件的外出农民工带着子女进城生活、学习。

——中国青少年研究中心副研究员　张旭东

"一分部署，九分落实。"民政部副部长邹铭说，《意见》对于政策措施如何在基层落实也提出了具体要求，从明确各方职责，加强组织领导，强化部门联动，引导社会参与，政府、家庭和社会协同联动这些方面都作了具体规定。

考题二："最后一公里"如何破题？

春节的喜庆气氛还没过去，广西壮族自治区巴马县东山乡长洞村的兰家三兄弟已经愁眉不展。再过几天，他们的父母又要外出打工了。

"在学校我和弟弟们都能吃上肉，但回家就吃不到了。"8岁的兰棕云是三兄弟中的老大，他们从4年前开始留守，由于买菜需要到离家一个小时车程的凤凰乡，三兄弟周末吃的菜都是靠舅舅送。"舅舅忙的时候，村干部会来照顾一下。"

长洞村地处广西西北部石漠化山区，这里土壤贫瘠，没有水源，恶劣的自然环境迫使青壮年外出谋生，留下大量留守儿童。长洞小学的484名学生中，留守儿童人数超过80%。

"我们看着孩子也觉得可怜，但有时候真是力不从心。"长洞村村主任蒙江说，全村26个自然屯，从最远的屯到村委会所在地，成人需走两个多小时山路。"全村200多名留守儿童，我们会定期走访，但就算跑断腿也很难照顾到每个孩子。"

如何打通关爱保护留守儿童的"最后一公里"？此次印发的《意见》明确规定了县、乡和村（居）民委员会的职责，要求通过党员干部上门家访、驻村干部探访、专业社会工作者随访等方式，对重点对象进行核查，确保农村留守儿童得到妥善照料。

要求明确，基层政府已开始行动。

在重庆，当地发展了超过10万名社会各界爱心人士组成的"代理家长"，结成帮扶对子超过7万对；在广西，当地完成创建"儿童家园"超过3000个，有效解决了农村留守儿童校外"管、护、教、娱"问题；在河南，当地要求每月每位留守儿童都能通过"亲情电话"与家长交流……

面对考题，基层政府还有很多工作要做。

"建立留守儿童信息台账、定期走访、临时救助……基层工作必须要细心、耐心。"东山乡人大主席蒋锋说，但目前民生项目的分配权都在县级及以上部门，乡镇政府只能争取，希望能有更多资金和项目投入到留守儿童身上。

"对于留守儿童比较集中的地区，要给予倾斜，重点把基层工作力量放在这个地区，还要组织专门培训，培育一些专业的社工和社会组织从事这方面的工作。"邹铭说。

考题三：学校如何撑起留守儿童的"半边天"？

"为了省点路费，爸爸、妈妈又没有回家过年。"贵州省黔西南州兴义市万峰湖镇下箐村的王烨 2016 年又过了一个孤独的春节。父母远在外地务工，她只能与外公外婆一起过年，这已经是连续第三年了。

"春节，不能让孩子们在孤单中度过。"春节期间，贵州省安龙县毛草坪小学老师杨元松开始了他的留守儿童家访计划。一进王烨家，杨元松便与王烨的外公外婆围火而坐。"请老人家放心，学校选派我作为王烨的'生活爸爸'，她的困难就是我的困难，一定竭尽全力帮助解决。"杨元松说。

包括王烨，毛草坪小学为在校留守儿童全部建立了档案，详细记录个人基本信息、家庭生活状况、学习情况、心理健康等，并为每个人选派"生活爸爸"。

"目前，全州有留守儿童 11.17 万名。为让他们在心理、学习、生活等方面得到关爱，黔西南州组织开展了多种形式的关爱行动。其中，贞丰县开展'吃在学校解食忧、住在学校受关爱、学在学校长知识、乐在学校感幸福'的'四在学校·幸福校园'活动，受到学生和家长的欢迎。"黔西南州教育局党组书记梁喜明说。

根据教育部统计，全国义务教育阶段在校生中农村留守儿童共 2075.42 万人。为加强关爱留守儿童，《意见》明确指出，要加大教育部门和学校关爱保护力度。

对孩子而言，他们超过一半的时间在校园度过，学校办好了就能撑起关爱保护留守儿童的"半边天"。

然而记者走访发现，我国西部地区很多地方是"吃饭财政"，能用于关爱保护留守儿童的财力有限,寄宿制学校的建设虽然在近年来取得了较大进步,但很多地方学生的住宿条件和活动场地仍然需要进一步改善。

打鱼民族学校位于贵州省三都县,记者在初一(一)班的男生宿舍里看到,约16平方米的寝室里摆放着9架铁制高低床,共18个铺,每铺睡2个学生,共住36人,室内还摆放着学生们的行李,宿舍显得异常拥挤,留出的过道仅可1人通行。

"虽然基础差、历史欠账多,但'十三五'的考题来了,我们必须做好准备。"梁喜明说,仅2015年上半年,黔西南州就有6.17亿元用于教育项目建设。"最好的房子将来一定在学校。"

考题四:如何把社会各界力量落在实处?

面对留守儿童这道考题,有多少人要参加"大考"?

除了父母、基层政府和教育部门,各级工会、共青团、妇联、残联……如果再加上社会工作服务机构、公益慈善类社会组织、志愿服务组织等社会力量,说这是目前涉及面最广的"大考"也不为过。

但由于缺乏统筹,此前多年留守儿童关爱工作中覆盖面不广、"雨露不均"现象突出,有的留守儿童长期得不到关爱,而有的则被重复关爱。

重庆市南川区马嘴小学现有的813名学生

教师心声

我们需要的恰恰是有人能定期来学校给孩子们上上课、讲讲故事,组织一些有意思的活动,排解孩子们的孤独感。

——重庆市南川区马嘴小学校长 李建文

中绝大部分是留守儿童。"从2006年学校成立开始,就不断有各类公益组织或爱心志愿者来学校开展关爱帮扶活动。"校长李建文说,这些活动大多持续时间较短,很少有人能在学校待一段时间或定期来学校帮助留守儿童。

关爱保护不仅仅是送书包、送文具,更不是秀场。此次印发的《意见》明确要求各级工会、共青团、妇联、残联、关工委等群团组织发挥关爱服务优势,积极为农村留守儿童及其家庭提供假期日间照料、心理疏导、家庭教育指导等关爱服务。

"未成年人保护工作是一个专业性很强的工作,关系到未成年人的心理和成长。这个队伍从哪儿来?"邹铭说,一个是相关部门的工作人员,一个是相关服务

"护"　　　　　　　　　　新华社发　商春海　作

机构的服务人员,还需要社会志愿者、专业社会工作者等方方面面的力量,做到统筹安排、全覆盖。

"此外,要有一个好的督促检查机制,这个督促检查机制应该做到常态化,不间断,而且要有一些量化指标,这样才能确保好的政策、好的文件能够得到一个好的效果。"邹铭说。

让每个孩子都生活在爱的阳光下

——专家解读国务院《关于加强农村留守儿童关爱保护工作的意见》

国务院2016年2月14日公布的《关于加强农村留守儿童关爱保护工作的意见》提出,加强农村留守儿童关爱保护工作,维护未成年人合法权益,是各级政府的重要职责,也是家庭和全社会的共同责任。

专家指出,不论是儿童保护还是未成年人犯罪预防,留守儿童都是我国难以回避的重点人群。意见明确并强化有关各方责任,力争让每个孩子生活在爱的阳光下。

父母:依法履行对未成年子女的监护职责和抚养义务

北京青少年法律援助与研究中心主任佟丽华指出,家庭监护是保障儿童健康成长的基础制度。但在当前我国城镇化的大背景下,农民工的频繁流动导致很多留守儿童处于缺乏父母关爱甚至有效监护的状态。

"父母要依法履行对未成年子女的监护职责和抚养义务,即使父母外出务工,也不能逃避这种法律责任。"佟丽华说,父母外出务工前要对子女进行妥善安置,《意见》具体提出了三种方案:一是携带未成年子女共同生活;二是一方留家照料;三是暂不具备条件的应当委托有监护能力的亲属或其他成

年人代为监护。同时,依据预防未成年人犯罪法的规定,《意见》明确要求不得让不满十六周岁的儿童脱离监护单独居住生活。

父母作为孩子的监护人，不仅是提供吃穿住行保障孩子生存，还要承担管理、照顾、保护、教育等职责，所以意见要求，"外出务工人员要与留守未成年子女常联系、多见面，及时了解掌握他们的生活、学习和心理状况，给予更多亲情关爱。"

基层乡镇政府和居村委会：强化监护监督职责和评估帮扶职责

以往很多留守儿童的案件，事发以后经媒体广泛报道社会才知晓，无法做到防患于未然，在早期对困境或问题家庭进行干预。佟丽华认为，《意见》强化了基层乡镇政府和村居委会的监护监督职责。如提出村（居）民委员会要定期走访、全面排查，及时掌握农村留守儿童的家庭情况、监护情况、就学情况等基本信息，并向乡镇人民政府（街道办事处）报告；乡镇人民政府（街道办事处）要建立详实完备的农村留守儿童信息台账，一人一档案，实行动态管理；村（居）民委员会，在工作中发现农村留守儿童脱离监护单独居住或失踪、监护人丧失监护能力或不履行监护责任、疑似遭受家庭暴力或虐待、疑似遭受意外伤害或不法侵害等情况的，应当在第一时间向公安机关报告；通过党员干部上门家访、

"护"　　　　新华社发　商春海　作

驻村干部探访、专业社会工作者随访等方式，对重点对象进行核查，确保农村留守儿童得到妥善照料。

《意见》还明确要求农民工流入地政府为农民工家庭在落户、住房保障、照料、就学等方面提供更多帮扶支持。

学校：对农村留守儿童受教育情况实施全程管理

利用电话、家访、家长会等方式加强与家长、受委托监护人的沟通交流，了解帮助监护人掌握农村留守儿童学习情况，提升监护人责任意识和教育管理能力；及时了解无故旷课农村留守儿童情况，落实辍学学生登记、劝返复学和书面报告制度，劝返无效的，应书面报告县级教育行政部门和乡镇人民政府，依法采取措施劝返复学；帮助农村留守儿童通过电话、视频等方式加强与父母的情感联系和亲情交流；寄宿制学校要完善教职工值班制度，落实学生宿舍安全管理责任，丰富校园文化生活，引导寄宿学生积极参与体育、艺术、社会实践等活动，增强学校教育吸引力；中小学校、幼儿园等单位及其工作人员，在工作中发现农村留守儿童脱离监护单独居住或失踪、监护人丧失监护能力或不履行监护责任、疑似遭受家庭暴力或虐待、疑似遭受意外伤害或不法侵害等情况的，应当在第一时间向公安机关报告——这是《意见》对中小学提出的工作要求。

"孩子成长过程中，第一重要的是家庭，其次是学校。"佟丽华说，为了保障学校有效落实上述要求，《意见》对教育行政部门也明确提出4项具体要求，包括落实免费义务教育和教育资助政策，确保农村留守儿童不因贫困而失学；支持和指导中小学校加强心理健康教育，及早发现并纠正心理问题和不良行为；加强农村留守儿童相对集中学校教职工的专题培训，着重提高班主任和宿舍管理人员关爱照料农村留守儿童的能力；加强校园安全管理，帮助儿童提高防范不法侵害的行为意识、掌握预防意外伤害的安全常识。

公安、民政：各司其职确保留守儿童权益保护

佟丽华认为，《意见》明确公安机关和民政部门的具体职责，如，不论孩子受到来自父母或其他任何人的伤害，公安机关要按照有关规定调查取证，协助其就医、鉴定伤情，为进一步采取干预措施、依法追究相关法律责任打下基础；对虐待或遗弃农村留守儿童的父母或受委托监护人，公安机关应当给予批评教育，必要时予以治安管理处罚，情节恶劣构成虐待罪或遗弃罪的，要立即立案侦查；公安机关在接到儿童权利受到侵害的报告并调查处理后，要将相关情况及时通报乡镇人民政府（街道办事处）；县级民政部门及其设立的未成年人救助保护中心要对乡镇人民政府（街道办事处）、村（居）民委员会开展的监护监督等工作提供政策指导和技术支持；通过政府购买服务等方式，加快孵化专业社会组织，依托社会组织培养专业服务人员；对于监护人家庭经济困难、符合有关社会救助、社会福利政策的，民政及其他社会救助部门要及时纳入保障范围。

中国青年政治学院少年儿童研究所所长童小军指出，和发达国家比，我们的社工培养水平不高，社工主要集中在大城市。因此，下一步的重点，政府要对社工进行专业培训，让我们拥有一支在专业化道路上不断前进的农村社工队伍。

10 | 莫让垃圾掩盖了乡愁
——聚焦农村垃圾突围

  垃圾整治看似小事,实则意义重大。这是改善农村人居环境的重要举措,也是落实十八届五中全会提出的绿色协调共享发展新理念的具体体现。垃圾整治看似简单,实则挑战重重。这是对亿万农民生活习惯的改变,同时也面临着巨大的治理成本。

我国正式向农村垃圾宣战

经国务院同意，住房城乡建设部等十部门 2015 年 11 月 13 日联合发文向农村垃圾宣战，这是我国中央政府层面第一个专门针对农村垃圾的文件，打响了五中全会之后改善农村人居环境的攻坚之役。

这份关于全面推进农村垃圾治理的指导意见，由住建部、中央农办、中央文明办、发展改革委、财政部、环保部、农业部、商务部、全国爱卫办、全国妇联十部门联合起草，由这么多部门联合起草凸显党中央、国务院破解"垃圾围村"问题的决心。

农村垃圾治理是改善农村人居环境的重要举措。2015 年年初"农村垃圾治理"首次写入中央 1 号文件；党的十八届五中全会通过的"十三五"规划建议进一步提出，要"开展农村人居环境整治行动"，"坚持城乡环境治理并重，加大农业面源污染防治力度，统筹农村饮水安全、改水改厕、

"圾圾"可危　　　　　　　　　　　新华社发　蒋跃新　作

垃圾处理……"

据住建部测算，目前，我国农村约有6.5亿常住人口，仅生活垃圾如果按每人每日产生0.5公斤计算，一年可产生约1.1亿吨垃圾，但其中有0.7亿吨未作任何处理。地方重视程度不够、治理方法简单粗放，基层财政负担重等因素导致这一问题迟迟难解决。

目前，住建部已在全国启动农村生活垃圾5年专项治理。而根据十部门意见，未来的治理行动将不仅仅针对农村生活垃圾，还涉及农业生产垃圾、建筑垃圾和农村工业垃圾等。

十部门意见提出，到2020年全面建成小康社会时，全国90%以上村庄的生活垃圾得到有效治理；农村畜禽粪便基本实现资源化利用，农作物秸秆综合利用率达到85%以上，农膜回收率达到80%以上；农村地区工业危险废物无害化利用处置率达到95%。

建立村庄保洁制度、推行垃圾源头减量、全面治理生活垃圾、推进农业生产废弃物资资源化利用、规范处置农村工业固体废物、清理陈年垃圾——住建部村镇司副司长王旭东说，文件部署的六大治理举措是一次向农村垃圾的"全面宣战"。

上亿吨农村垃圾何处去？
——破解"垃圾围村"三问

"垃圾靠风刮，污水靠蒸发"。农村垃圾治理是我国乡村建设的老大难，也是世界性难题，尤其近年来大量出现的废旧塑料包、农膜、秸秆等因处理不当污染环境，甚至威胁到"菜篮子"和"米袋子"的安全。

2015年11月13日，住房城乡建设部等十部门首次联合发文向农村垃圾"宣战"。目前，农村垃圾中最大头的生活垃圾一年便有1.1亿吨，"垃圾围村"能否突围，新华社记者深入采访追踪。

谁来清理："保洁员"上岗能否改变乡村陋习？

广西南宁市那陈镇那坛坡村农民李加礼如今有了新头衔——村里首位保洁员。村民把自家垃圾简单分类归集后，他负责二次分类，将有害有毒垃圾分开堆放，累积一定量后转运至乡、县垃圾回收站统一处理。

对江苏省东海县石湖乡村民徐力来说，村里请来城里专业的物业公司，垃圾有保洁员随时收集清理，

破"围"　　　　　　　　　　　　新华社发　徐骏　作

前几年到处乱飞的塑料袋不见了，环境美了，生活质量高了。

原先城里常见的保洁员，如今逐渐出现在各地农村，这正是十部门开出的治理农村垃圾首剂药方——建立村庄保洁制度，尽快建立稳

定的村庄保洁队伍，并通过村规民约、与村民签订门前三包责任书等方式，明确村民保洁义务。

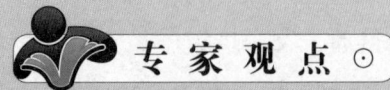

农村垃圾清理难，一个重要原因是"政府不重视，农民不关心"。村民公共环境意识和责任意识淡漠，参与垃圾治理的积极性不高。

——住建部环境卫生工程技术研究中心副主任　刘晶昊

"垃圾倒街口、污水随手泼、秸秆满地堆"——在一些农村，不文明的生活陋习仍随处可见，沟洼角落粪便淤积，垃圾围村堵河，成为乡村建设的一大痛处。

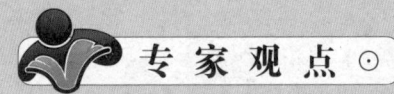

农村垃圾治理是当前改善农村人居环境的重点，也是全面建成小康社会必须补上的生态文明短板。垃圾清理是一项村级公益性事业，必须发动村民广泛参与，既要做好村民"各扫门前雪"，也要建立制度把原先随处扔的垃圾管起来。

——住建部环境卫生工程技术研究中心副主任　刘晶昊

中国城市建设研究院总工徐海云说，农村设保洁员，有钱的村庄可以聘请专业保洁公司"入村"，没钱的村庄可以付费给村民当保洁员，更穷的村子也可以设公益岗位村民轮流值日。最关键的还是要倡导改变乡村生活陋习，充分尊重村民主体地位，只有村民从中感受到实惠，才能形成良性循环。

如何治理：上亿吨农村垃圾能否消化掉？

与城市垃圾处理相比，农村垃圾治理状况堪忧。

据住建部统计，截至2013年末，全国58.8万个行政村中，对生活垃圾进行无害化和非无害化处理的仅占37%，全国村庄生活垃圾无害化处理率只有11%。同期城市生活垃圾处理率为95%，其中无害化处理率达89%。

记者调研发现，由于相关设施严重不足，垃圾治理方法简单粗放，成为农村垃圾堆积的重要原因。一些低质塑料、废旧农膜等进行简易填埋后产生严重渗漏，简单焚烧的则导致二噁英等污染物大量排放。

要因地制宜建立"村收集、镇转运、县处理"的模式——十部门提出了就地减量、就近处理的模式。

王旭东说，各地可结合自身特点探索分类减量方法，如可回收垃圾由农户自行变卖，建筑垃圾单独清运，厨余垃圾可用于喂养牲畜等等。"关键要简便易行，村民能接受，不宜照搬照抄城市垃圾的分类方法，搞得太复杂。"

中国农村千差万别，不能"一刀切"推行一个模式，特别是一些县域面积大、经济欠发达的县市，不能超越经济发展阶段，盲目推行全收全运集中处理。如四川、广西等地，适合推行源头分类减量、适度集中处理模式。通过分类，可实现垃圾减量70%左右，剩余的垃圾则就近处理。

——中国城市建设研究院总工程师 徐海云

而山东、江苏等经济发达、县域面积不大的平原地区,则适合城乡一体化模式,可将城市环卫服务,包括环卫设施、技术和管理模式延伸到镇和村,对农村生活垃圾实行统收统运,集中到县进行最终处理。

刘晶昊测算,目前我国全部人口按一天产生一百万吨垃圾计算,其中50吨出自城市,20吨出自县城,剩下30万吨出自农村。"在很多城市垃圾处理设施已超负荷运行的情况下,农村垃圾的涌入是对我国垃圾处理能力新的挑战,因此需要结合指导意见统筹施策,并坚决禁止城市向农村转移堆砌垃圾,造成新的污染。"

谁来买单:如何防止治理"一阵风"?

农村垃圾治理绕不开"钱"的话题。村里的保洁队伍、垃圾收集站,镇上的垃圾转运站,县里的垃圾转运车、处理场……哪一样在农村都是从零起步,费用巨大。

"经费严重匮乏是很多地方治理农村垃圾迟迟不见行动的重要原因,同样钱的问题也关系着这场行动能否长久下去,会不会成为'一阵风'?"徐海云说。

十部门意见中,最受关注的就是明确了治理费用从哪里来。

王旭东介绍,主要渠道是各级政府投资,保障设施设备建设和运行费用,并担负兜底职责。中央财政会加大支持力度,省、市两级财政给予积极支持,治理费用将纳入财政预算。

另一个渠道是鼓励村集体出资和村民缴费,主要解决村庄保洁费用,包括垃圾分类减量、收集以及运输至本村集中堆放点的费用。

徐海云测算，平均一吨农村垃圾从清理收集到送至处理场处理，大约花费 55 元。从各地实践看，农民缴费主要用于支付保洁员费用，一般每人每月 1—2 元，但能覆盖运行成本的 20%—40%。

还有一个渠道是鼓励引入社会资本。刘晶昊说，农村垃圾治理市场空间巨大，十部门支持地方积极探索引入市场机制，鼓励探索 PPP（公私合营）模式，无疑将为社会资金参与农村生活垃圾收运设施的建设和运营敞开大门。

"引导村民和村集体出资出力，不得强制或变相摊派，增加农民负担。"王旭东说，今后各级人民政府将对本地区农村垃圾治理负总责，农村生活垃圾治理也纳入生态文明建设示范村镇考核内容，要破解"垃圾围村"顽疾关键要从政府各部门到全社会形成合力，切实改善农村人居环境，还农村一片青山绿水。

莫让垃圾掩盖了乡愁

古人说，"故乡何处是，忘了除非醉"。今天，"让居民望得见山、看得见水、记得住乡愁"已然上升为国家战略。住房城乡建设部等十部门 2015 年 11 月 13 日对外公布的全面推进农村垃圾治理的指

开本见"山" 　　　　　新华社发 　朱慧卿 　作

导意见，无疑是落实这一战略的具体行动。

"花褪残红青杏小，燕子飞时，绿水人家绕"，安放在诗词歌赋中的乡村，是如此美好与纯净。然而，随着工业化城市化发展，垃圾成灾、污水横流成为不少乡村环境的缩影。

数据显示，目前，我国农村约有6.5亿常住人口，年产生生活垃圾约1.1亿吨，其中有0.7亿吨未做任何处理。除了生活垃圾，各种颜色的塑料制品、玻璃、陶瓷碎片等建筑垃圾也随处可见。我们无法想象，"垃圾靠风刮、污水靠蒸发，家里现代化、屋外脏乱差"的乡村，如何承载得了浓浓的乡愁？

垃圾整治看似小事，实则意义重大。这是改善农村人居环境的重要举措，也是落实十八届五中全会提出的绿色协调共享发展新理念的具体体现。垃圾整治看似简单，实则挑战重重。这是对亿万农民生活习惯的改变，同时也面临着巨大的治理成本。

十部门已经提出具体目标，到2020年全面建成小康社会时，全国90%以上村庄的生活垃圾得到有效治理。人们期待着，通过垃圾整治带动农村人居环境改善，让更多"暖暖远人村，依依墟里烟"的乡村美景不只出现在诗词中，而是就在我们的身边。

垃圾出城，莫让乡愁变"乡臭"

2016年6月，有媒体报道，陕西一些城市垃圾被运出城后，在乡村周边堆砌成山、污染环境。2015年11月国家10部门全面推进农村垃圾治理的发文言犹在耳,垃圾"上山下乡"却再次抬头。对此,有关部门当立即行动起来,切实保障农村人居环境,莫让乡愁变承载庞杂垃圾的"乡臭"。

据住建部测算,我国农村地区常住人口产生的生活垃圾一年就有约 1.1 亿吨,其中有 0.7 亿吨未作任何处理。如今,来不及处理的城市生活垃圾、建筑垃圾等也大量向农村、郊区流动,在一些村落周边堆砌成山,只能处于"一靠风刮,二靠蒸发"的局面,严重影响农民生存环境和生活质量。

运出城后的垃圾本应得到妥善处理,但却演变成"上山下乡""垃圾围村",折射出在城市垃圾运输处理、农村人居环境治理等环节依然有不少盲点。管理者漠视责任、垃圾处理简单粗放等因素,导致垃圾"上山下乡"在一些地区反复发作,迟迟难以根治。

离开农村的城市无异于无源之水、无本之木,污染乡村就是在污染城市。已经出城围村的垃圾,也许不会在城市中产生异味、刺激感官,但却时刻牵动着菜篮子、米袋子、水管子的安全。如果还未意识到垃圾"上山下乡"问题的严重性,继续这种鼠目寸光的行为,将断送城市和乡村健康发展的明天。

垃圾治理贵在守土有责、持之以恒。10 部门联合出台的指导意见,已明确责任分工。因而,各部门就应当进一步拿出切实行动,

回报　　　　　　　　新华社发　朱慧卿 作

既要监管好城市垃圾运输、处理全过程,以无害化处理为底线,推进垃圾分类、掌握变废为宝本领,扶持资源化处理企业、缓解财政压力;又要逐步建立起针对农村垃圾的长效治理机制,防止走过场、"一阵风";更要确保取得实效、不留死角,杜绝形象工程、表面文章,让监管的乏力、责任的漠视不再上演。

景区边堆起"垃圾山","垃圾围村"出路何在?

有媒体报道称,北京房山河北镇将军坨景区,有一处"垃圾堆积如山,到处散发恶臭味"。这种现象已存在多年,几乎每天都有车辆往这里倒垃圾。

垃圾从哪儿来?长年露天堆放巨量垃圾,背后是"乱作为"还是"很无奈"?今后远郊农村产生的垃圾又将如何处理?记者进行了实地探访。

2016年7月26日,记者在北京市西南的房山区河北镇檀木港村、将军坨风景区南侧看到了这座"垃圾山"。该"垃圾山"所处的位置在房山区河北镇。垃圾沿着山坡滑到山沟里,堆起一大片,目测约有一座足球场大小。

走近垃圾场,一股臭味袭来,只见苍蝇乱飞,废纸、塑料袋、菜叶、果皮、建筑废料等混杂在一起,整体呈灰白色。附近还有一个面积较小的垃圾堆放点,生活垃圾混杂在建筑垃圾中,一些旧衣服、黑色塑料袋十分醒目。

一位当地村民说:"如果有地方放垃圾,谁还往这里倒啊?"据当地村民介绍,这里距离最近的垃圾填埋场也有30公里。

附近的村民表示，一旦有风吹过，会扬起尘土和塑料袋等，雨大时污水就会流入河道和远处的庄稼地，肯定对环境有污染。

房山区河北镇镇长翟凤航介绍，将军坨景区附近确实存在一个大型的露天垃圾场，其中生活垃圾和建筑垃圾并存，共计约3万吨。

有村民反映，这里作为垃圾堆放地点，已经好多年了。2012年北京"7·21"特大暴雨时，冲走了一部分垃圾，这几年又堆起来了。那么，"垃圾山"是如何堆起来的？

"垃圾山"将往何处去？

记者了解到，附近三四个村的垃圾都被村里的清洁车运送到这里。檀木港村村委会一位负责人表示，这里白天有人看守，只允许周围几个村的清洁车倒垃圾，不让其他乡镇或单位的清洁车来，但是晚上没人看守，其他乡镇也有垃圾运到这里。

翟凤航说，镇域内处理垃圾的能力有限，且没有符合垃圾集中填埋场条件的地点，无法建设垃圾填埋场。因此，选择了远离居民生活区，交通便利，方便运输的檀木港村北，建立了垃圾临时存放点。"不过，确实影响了当地的生态环境。"

檀木港村一位负责人说："不往这里堆往哪里堆呢？这都是老百姓的垃圾。我们就是山区。"

如何处理"垃圾山"？翟凤航说，已经堆放在这里的，由河北镇政府与房山区市政、环卫等部门组织清洁车，运送到正规垃圾填埋场处理。"下一步采取政府购买服务的形式，由北京市环卫集团房山有限公司在各个村设立垃圾箱，然后由环卫公司统一运送到垃圾填埋场处理。"翟凤航说。

记者在现场看到，已经有铲车和清洁车在运送垃圾。檀木港村党支部书记说，2016年7月25日就有清洁车来开始清理垃圾。翟凤航说，目前，这里已经加强昼夜值守，杜绝任何单位在此倾倒垃圾。截至25日19时，已运送垃圾约50吨。

据了解，房山区正在加紧建设北京市政府折子工程房山区循环经济产业园，项目占地面积300亩，计划总投资20亿元，一期工程建设日处理生活垃圾1000吨的处理系统，项目建成后将有效解决房山地区生活垃圾消纳难题。

农村"垃圾围村"如何破解？

实际上，农村垃圾收集处理难题在全国各地普遍存在。在外表光鲜亮丽的城市周边，农村垃圾呈"步步紧逼"之势形成新的"垃圾围城"。

在北京，不仅是在房山区，记者了解到，在一些远郊区，类似的"垃圾山"并不少见。记者近期在朝阳区十八里店乡采访发现，该乡多处堆放着大量建筑垃圾和生活垃圾，有些已经形成了"垃圾山"，里面有大量废弃的沙石、砖头、渣土、塑料袋、木板。沿着大羊坊路公路两侧，这里形成了约1公里长的"垃圾带"，里面有沙发、装潢材料、马桶、药盒等。

随着垃圾处理能力的提升，城市生活垃圾基本都已经做到全部收集和处理，但农村垃圾处理能力却十分薄弱。"过去依靠自然环境的自净力就消化了产生的垃圾,但人口聚集到一定程度,加之垃圾成分的变化,垃圾和污水都必须要有配套的处理设施和科学的管理手段。"北京市政府参事、垃圾问题专家王维平说。

"遗臭乡里"　　　　　新华社发　王栋梁　作

王维平认为,垃圾处理应做到"城乡覆盖,减量循环,创新引领"。具体说,垃圾管理是一项复杂的系统工程,涉及社会的各个方面,各级政府必须重视。以北京为例,平原地区的生活垃圾回收体系已经完备,但是部分山区还没建立农村垃圾回收站。尽管山区人少,但垃圾处理不容忽视。

其实,北京市作为首都,其垃圾处理整体水平位于全国前列。从全国范围来看,"由于体制不顺,农村垃圾没人管,屋前屋后、村头村尾随便扔,污染严重,造成了严重的面源污染。"王维平说,中央城市工作会议后,明确了农村垃圾归市政部门管,但各地执行情况不理想。

"偏远地区也要建立垃圾处理站,这样可以大大降低垃圾的运输成本。此外,尽管政府是垃圾处理的责任主体,但是,如果只依靠政府是难以实现的。因此依据各地现实状况,选取科学、有效的治理方式,形成合理的成本负担机制,才可以在根本上解决农村生活垃圾问题。"王维平说。

江西村庄设立"垃圾兑换银行"
破解"垃圾围村"

2016年4月19日起,龙头山乡暖水村设立"垃圾兑换银行"。采用会员积分制,村民用可回收或可焚烧垃圾到"银行"积分登记,

暖水村"垃圾兑换银行"行长、龙头山乡清洁办主任董维维(右)点算村民送来的垃圾。

凭积分兑换商品。

在江西德兴市龙头山乡暖水村，塑料袋、旧电池、易拉罐、香烟头等不再是随手丢弃的物品，而是村民眼中的"宝贝"。在这里，一块肥皂价值80个废旧塑料袋、40个旧电池或200个香烟头。

从曾经的"垃圾围村"，村民苦不堪言，到如今村民主动捡拾垃圾。这些都源自2016年4月份村里设立的"垃圾兑换银行"。

与许多农村地区类似，农村垃圾处理在这里也是个老大难问题。暖水村是龙头山乡政府所在地，全村人口3129人，一条小溪穿村而过。"原来河里和岸边到处可以看到大量垃圾，洗衣做饭的溪水也不太清澈。"村民回忆道。

龙头山乡乡长蒋鹏程说，暖水村有6个保洁员，年均保洁投入超过10万元。即使如此，村里的环境卫生状况还是得不到大的改观。"里弄小巷、河道里遍布着五颜六色的塑料袋，今天捡完了，第二天塑料袋又到处都是。"

2015年刚开通的京福高铁德兴站就设在暖水村旁。"突然间成了人流集散地，我们要把握机遇，今后重点开发乡村旅游，改善环境是首要任务。"蒋鹏程说。

2016年4月19日起，龙头山乡暖水村设立"垃圾兑换银行"。采用会员积分制，村民用可回收或可焚烧垃圾到"银行"积分登记，凭积分兑换商品。"以前几乎天天都要到河里去捞垃圾"，乡清洁办主任董维维说，现在只需坐等村民拎着垃圾上门。

走近这间特殊的"银行"，只见门口整齐摆放着的4个绿色分类垃圾箱。"银行"里设有垃圾回收登记区和生活用品兑换区，墙上醒目位置挂有"'零存整取'制度"、"'累计积分'制度"等标示图。

在生活用品兑换区内，既有肥皂、纸巾等生活用品，也有铅笔、笔记本等学习用品。

已经65岁的村民王秀英开始并不相信，"垃圾怎么可能换东西呢？"几天里她从自家和路边收集了160个废旧塑料袋，拎到"垃圾兑换银行"，只见董维维给她清点了数量，让她兑换商品，她最后选择兑了两块肥皂。"没想到垃圾也能换东西，以后不乱扔了，都要收集起来！"

"看到垃圾，大家都抢着捡。如今巷子干干净净，河道里的塑料袋都捞干净了。"家住"银行"旁边的暖水村村民祝彩英说，如今村里乱扔垃圾的也少了。"村民雷秀娇两天内捡了2000多个烟头，一口气兑换了10块肥皂，把'银行'的肥皂都兑光了。"董维维笑着说。

截至目前，暖水村有500多名村民参与垃圾兑换商品活动，共收集塑料袋、旧电池等生活垃圾800多公斤。日均15人次参与，日均兑换垃圾20多公斤。

蒋鹏程介绍说，"银行"将收集来的垃圾通过"回购"、旧物改造、制作酵素等途径，进行有效利用。"不指望'垃圾兑换银行'解决所有问题，但它的确提升了村民的环保意识，起到了垃圾减量的效果。"他算了一笔账："垃圾兑换银行"每月仅需千元运转费用，就能成为农村环境治理的有益补充。

"下一步将把'垃圾兑换银行'的做法在全乡6个村推广，让这一模式深入人心，带动全乡环境卫生状况的改善。"蒋鹏程说。

后 记

本书是在新华社播发的系列稿件和评论的基础上编辑而成,可以作为广大干部群众了解民生热点问题的参考读物,也可以作为广大公务员考生提升申论能力的学习资料。

为方便阅读,在尊重事实的前提下,我们对部分稿件的标题和正文作了必要的修改。

在本书付梓之际,特向以下作者致谢:陈晨、陈春园、程迪、崔静、丁静、董小红、杜宇、高皓亮、高敬、高亢、顾瑞珍、关桂峰、郭强、郭翔、郭宇靖、韩洁、何丰伦、何雨欣、胡星、华晔迪、黄鹏飞、姜琳、李亚红、李斌、李超、李放、李江涛、李劲峰、李倩倩、李舒、李亚楠、李峥巍、梁建强、凌军辉、刘巍巍、刘奕湛、毛海峰、庞书纬、强勇、荣启涵、施雨岑、谭谟晓、唐荣桂、王大千、王镜茹、王立彬、王思北、王晓洁、王新明、王莹、王自宸、魏骅、吴晶、吴小康、吴晶晶、吴晓颖、吴振东、席敏、萧海川、肖正强、许晟、杨绍功、杨维汉、姚玉洁、于佳欣、余贤红、余晓洁、郁琼源、袁汝婷、张文静、赵仁伟、赵晓辉、仲蓓、周琳、周强、周蕊、朱基钗、宗焕平、魏圣曜、高健钧、杨毅沉、何欣荣、浦超(排名不分先后)。

因编者水平有限,书中不当之处,敬请读者朋友指正。